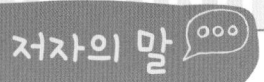

탄탄한 기본기를 다지기 위한 프로젝트!

－카이신호(號)와 함께 떠나는 중국어 일주~

여러 해 동안 책을 쓰다 보니 이제 이력이 날만도 한데, 한 권 한 권 마주할 때마다 신인배우처럼 설레고 겁이 납니다. 특히 첫걸음 책을 쓸 때면 다른 책을 쓸 때와는 또 다른 묵직한 책임감을 느끼게 되는데요, 아마도 그건 우리의 삶에서 '친구'가 중요하듯이, 학습자들에게 있어 '교재' 또한 '좋은 친구'만큼이나 중요한 것임을 알기 때문인 것 같습니다.

외국어를 배우는 학습자라면 모두 겪게 되는 왕초보 단계. 최대한 빨리 왕초보 수준을 벗어나고 싶은 마음은 누구나 마찬가지겠지만, 마음만 급하다고 빨리 벗어날 수 있는 것은 아니지요. 또 이 시기에 기본기를 탄탄하게 다져놓지 않으면 앞으로의 중국어 인생에 어둠의 그림자가 짙게 깔릴 것은 불을 보듯 뻔하고요. 그렇다 보니 어떻게 하면 '왕초보 시절'을 잘 보낼 수 있는 교재를 만들 수 있을까 고민을 많이 하게 됩니다.

『카이신 중국어 회화』 시리즈는 이왕 배우기 시작한 중국어를 '재미있고! 신나게! 즐겨보자'라는 뜻에서, 한 과 한 과를 놀이공원처럼 꾸며봤습니다. 본문 내용은 한 가족의 일상생활을 시트콤처럼 엮었고, 한 과를 다 배우고 나면 '나만의 복습 다이어리'라는 코너를 통해 중요한 내용을 확인하며 정리할 수 있도록 했지요. 여기에 피가 되고 살이 되는 학습 노하우를 담고, 따로 연습하기 힘든 필수 간체자를 써 볼 수 있는 코너까지 덤으로 마련했답니다.

네? 겨우 이것 가지고 특별한 책인 양 얘기하느냐고요? 차근차근 한 번 넘겨보세요. 곳곳에 여러분의 기본기를 팍팍 다져 줄 스펙터클한 놀 거리를 많이 숨겨두었으니까요.

외국어를 잘 한다는 것은 쉽지 않지만, 그렇다고 '나만 안 되는 일'도 아닙니다.

그러니 남들보다 조금 늦다고, 발음·성조가 맘대로 안 된다고 서둘러 포기하지 않으셨으면 합니다. 공부를 하다 보면 중간중간 포기하고 싶은 유혹이 있겠지만, 그 유혹을 과감히 뿌리치고 끝까지 노력한다면 여러분은 틀림없이 중국어 고수가 되어 '왕초보 시절'의 무용담을 얘기할 수 있을 것입니다.

그리고 어떤 일을 잘해내기 위해서는 목표가 필요하듯이 이 책을 펼친 여러분도 중국어를 배우려는 목표가 무엇인지 확실하게 설정하면 조금 더 빨리 중국어와 친해질 수 있을 것입니다. 하다못해 '부모님을 기쁘게 해드리려고!'라는 막연한 목표라도 세우면, 목표가 없는 것보다 훨씬 나으니 여러분의 목표가 무엇인지 한번 생각해 보세요. 그 다음에는 "난 꼭 해낼 수 있어!"하고 여러분 자신을 믿어보세요.

여러분은 이제 곧 카이신호(號)와 중국어 일주를 떠날 텐데요.

이번 중국어 일주를 통해 중국어를 만나 이해하고, 또 그러다 중간에 한두 번쯤 티격태격하기도 하면서 많은 추억을 안고 돌아온 후에는 여러분의 중국어 기본기가 난공불락의 요새처럼 탄탄하게 다져져 있기를 희망해 봅니다.

사람들은 보통 상상을 초월하는 거창한 일이 일어났을 때 기적이란 말을 쓰지만, 필자가 보기에는 중국어의 'ㅈ' 자도 모르던 왕초보 학습자가 어느 날 중국어로 말할 때, 그것이 더 멋진 기적이라고 느껴집니다.

비록 책을 통해서지만 학습자 여러분과 중국어 이야기를 나누고 공감할 수 있음에 감사드립니다. 여러분이 매일 조금씩 만들어가는 '중국어 기적', 계속 기대해도 되겠지요?

끝으로, 귀한 시간을 내어 이 책의 감수를 맡아 주신 동덕여자대학교 중어중국학과 홍준형 교수님과 교정에 도움을 주신 张全用 선생님께 감사의 마음을 전합니다.

고맙습니다.

한민이

이 책의 활용

01~05과, 07~11과는 다음과 같이 구성되어 있습니다.

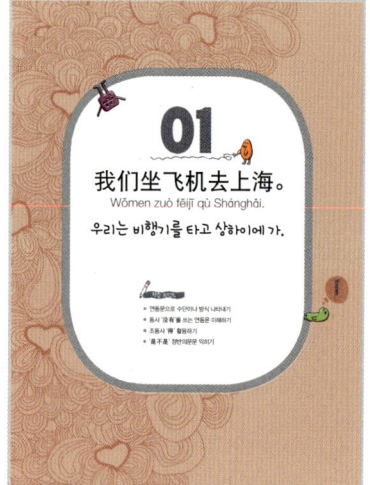

✱ 학습 포인트
각 과에서 배울 내용이 무엇인지 일목요연하게 정리되어 있어요. 이번 과의 학습 내용을 확인해 보세요.

✱ 나의 회화 수첩
세 가지 상황으로 나누어진 회화문을 통해 자연스러운 중국어 표현을 학습할 수 있습니다. 회화 표현에 나오는 새 단어도 바로바로 확인해 보세요.

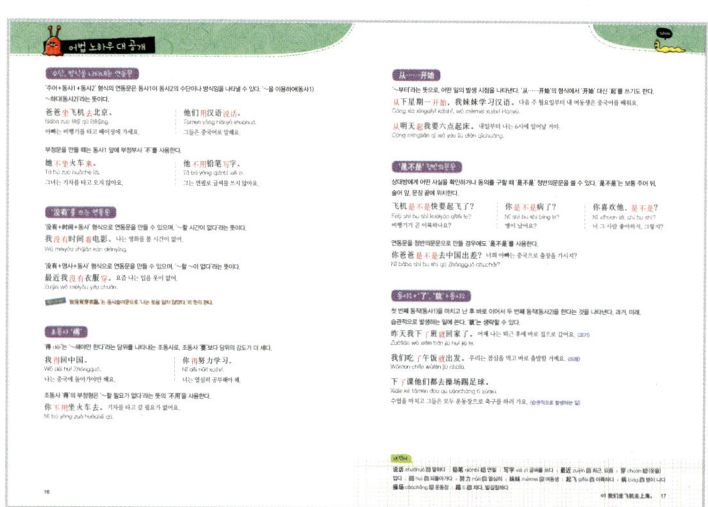

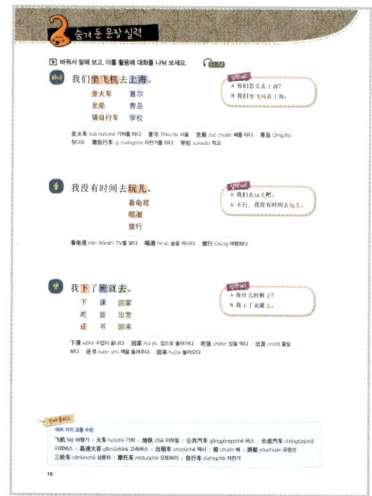

✱ 어법 노하우 대 공개
본문 회화 표현에 나온 핵심 어법을 쉬운 설명과 다양한 예문으로 정리할 수 있어요.

✱ 숨겨 둔 문장 실력
교체 연습을 통해 본문에서 배운 표현을 확장할 수 있습니다.

✱ 나만의 복습 다이어리

학습한 내용을 일기 형식으로
정리해 볼 수 있습니다.

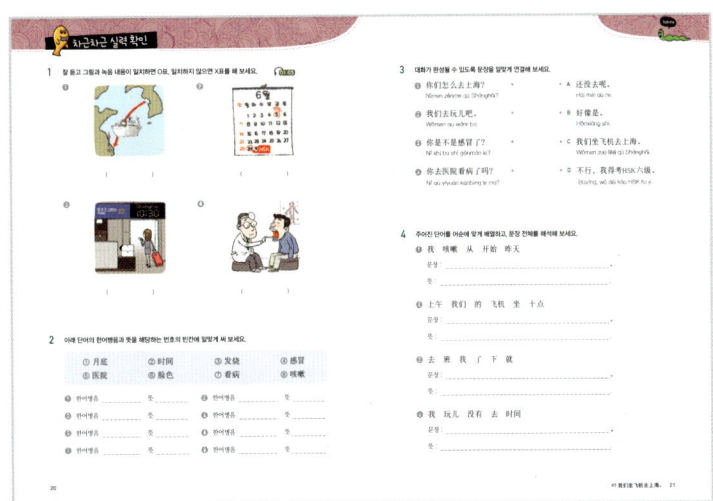

✱ 차근차근 실력 확인

학습한 내용을 바탕으로 한 연습문제를 통해 부족한 부분을 점검하며
실력을 다져 보세요.

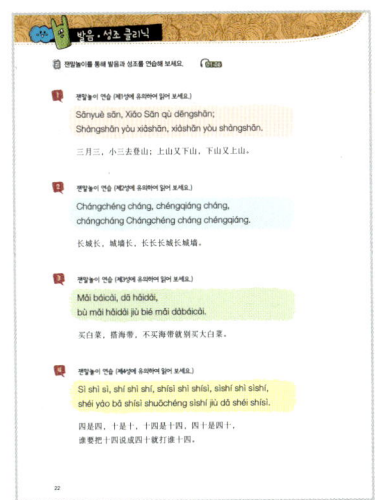

✱ 발음·성조 클리닉

원어민의 정확한 발음을 따라 해 보며
발음의 기본기를 다져 보세요.

✱ 간체자와 친해지기

획순을 참고해서 간체자를 연습해 보세요.

✸ **중국문화 속으로 풍덩**

다양한 주제의 중국문화와 관련된 글을 통해
중국을 좀 더 이해할 수 있어요.

06과와 12과는 복습과입니다. 06과는 01~05과의 내용을, 12과는 07~11과의 내용을 복습할 수 있습니다.

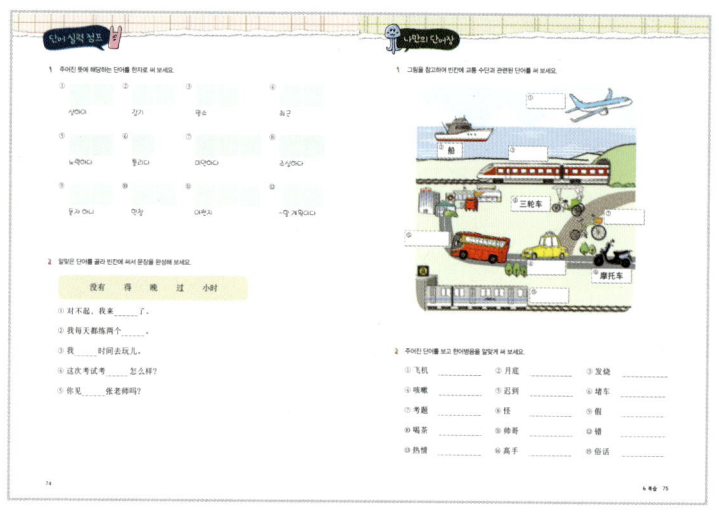

MP3 다운로드

- MP3 음원은 다락원 홈페이지(www.darakwon.co.kr)에서 무료로 다운로드 받으실 수 있습니다.
- 스마트폰으로 QR코드를 스캔하면 MP3 다운로드 및 실시간 재생 가능한 페이지로 바로 연결됩니다.

차례

저자의 말 / 2
이 책의 활용 / 4
차 례 / 7
1권의 학습 내용 / 8
2권의 학습 내용 / 9
3권의 학습 내용 / 10
일러두기 / 12

- **01** 我们坐飞机去上海。 우리는 비행기를 타고 상하이에 가. — 13
  Wǒmen zuò fēijī qù Shànghǎi.

- **02** 你唱歌唱得真棒! 너 노래 정말 잘 부른다! — 25
  Nǐ chànggē chàng de zhēn bàng!

- **03** 我来晚了。 제가 늦었습니다. — 37
  Wǒ láiwǎn le.

- **04** 我见过他几次。 나는 그를 몇 번 만난 적이 있어요. — 49
  Wǒ jiànguo tā jǐ cì.

- **05** 我在中国住了三年。 나는 중국에서 3년 동안 살았어. — 61
  Wǒ zài Zhōngguó zhùle sān nián.

- **06** 复习 fùxí 복습 — 73

- **07** 你快下来吧。 얼른 내려와. — 81
  Nǐ kuài xiàlai ba.

- **08** 我跟校长商量商量。 제가 교장 선생님과 상의해 볼게요. — 93
  Wǒ gēn xiàozhǎng shāngliang shāngliang.

- **09** 我走回来了。 나는 걸어 돌아왔어요. — 105
  Wǒ zǒu huílai le.

- **10** 现在能买得到。 지금 살 수 있어요. — 117
  Xiànzài néng mǎi de dào.

- **11** 我在看篮球比赛。 나는 농구 경기를 보고 있어요. — 129
  Wǒ zài kàn lánqiú bǐsài.

- **12** 复习 fùxí 복습 — 141

부록 / 149

✦ 본문 해석
✦ 정답 및 녹음 대본
✦ 단어 색인

 권의 학습 내용

01과 성모와 운모

- 성모
- 운모
- 성모와 운모의 결합
- 운모의 특수한 변화

02과 성조

- 성조
- 경성
- 성조의 표기
- 제3성의 변화
- 성조의 연결 연습

03과 您好! 안녕하세요!

你好!
您贵姓?
我叫金松怡。

- 인칭대명사
- 중국어의 존대어
- 성씨 묻기
- 이름 묻기

04과 我是韩国人。 저는 한국인이에요.

你是哪国人?
你也是中国人吗?
她是谁?
你爸爸做什么工作?

- '是'를 쓰는 술어문
- '吗'를 사용한 의문문
- '不'의 성조 변화
- 의문대명사
- 의문대명사를 사용한 의문문

05과 这是手机。 이것은 휴대전화야.

这是什么?
那是我的汉语书。
我的书包在哪儿?
我的钱包呢?

- 지시대명사 '这', '那'
- 조사 '的' (1)
- 동사술어문
- '呢'를 사용한 생략의문문
- 명사/대명사+'这儿'/'那儿'

06과 복습

07과 我有自行车。 나는 자전거가 있어.

你有自行车吗?
我没有男朋友。
我有两本汉语词典。
我有一张中国地图。

- '有'를 쓰는 술어문 (1)
- 1~10까지 숫자 세기
- '一'의 성조 변화
- 명량사(名量词)의 용법
- 자주 쓰는 명량사 (1)

08과 我家有四口人。 우리 집은 네 식구야.

我有一个弟弟。
你家有几口人?
我家有爸爸、妈妈、弟弟和我。

- '有'를 쓰는 술어문 (2)
- 10 이상의 숫자 세기
- 자주 쓰는 명량사 (2)
- '二', '两', '俩' 차이 알기
- 정반의문문
- 접속사 '和'

09과 我姐姐很漂亮。 우리 누나는 예뻐.

这件衣服怎么样?
那件非常好看。
我爸爸的公司不太大。
他们都是韩国人吗?

- 형용사술어문
- '怎么样'을 사용한 의문문
- 정도부사
- 부사 '都', '也'

10과 爸爸去出差。 아빠는 출장을 가셔.

我想去旅游, 你呢?
我爸爸常常去出差。
我去超市买点儿吃的。

- 연동문
- 개사 '在'
- 조동사 '想'
- 조사 '的' (2)
- 부정(不定)양사
- 儿화 현상

11과 今天星期六。 오늘은 토요일이에요.

我北京人。
今天几月几号?
星期几?
我明天没有时间, 我很忙。

- 명사술어문
- 연도 읽기
- 월, 일, 요일 표현
- 과거-현재-미래 표현

12과 복습

권의 학습 내용

	핵심 표현	어법 포인트
01과	下午两点。 오후 2시입니다.	
	现在几点? 差五分六点。 你爸爸晚上九点一刻才到。	시간 표현 하루의 시간대 부사 '就'와 '才' 시간명사의 위치
02과	这条裤子多少钱? 이 바지는 얼마예요?	
	猪肉多少钱一斤? 一共三十六块钱。 我要换两千美元。 打八折。	인민폐 읽기 의문사 '多少' 도량형을 나타내는 양사 이합사(离合词)
03과	我今年二十周岁。 나는 올해 만 스무 살이에요.	
	你多高? 我一百四十四斤。 你今年多大? 你妈妈今年多大年纪?	의문부사 '多'+형용사 띠 묻기 접두사 '小'와 '老'
04과	豆豆眼睛很大。 콩알이는 눈이 커요.	
	他们身体都很好。 那件蓝衬衫颜色怎么样? 我很喜欢蓝色。 豆豆有一岁吗?	주술술어문 '有'로 수량 표현하기 '还'의 용법 '吧'의 여러 가지 용법
05과	我给你打电话。 내가 너에게 전화할게.	
	我晚上给你打电话。 大概9点左右。 你坐9路或者11路吧。 明洞离这儿有三站路。	개사 '给', '跟', '对', '从', '离' 어림수의 여러 가지 표현 여러 가지 번호 읽기 접속사 '或者'
06과	복습	
07과	饭店在银行对面。 호텔은 은행 맞은편에 있어요.	
	地铁站在邮局旁边。 你的公文包在床上。 学校前面有两家中餐厅。 你六点半到我们学校门口就行。	방위사 존재문 1음절 동사의 중첩 '行'의 용법
08과	我送你一束玫瑰花。 당신에게 장미 한 다발 선물할게요.	
	我告诉你一件事儿。 我要送你妈妈一束玫瑰花。 可以借我一本吗? 我下星期还你, 行吗?	이중목적어를 갖는 동사 조동사 '想', '要', '可以'
09과	我会游泳。 나는 수영을 할 수 있어요.	
	你会游泳吗? 我怕水。 这儿不能抽烟。 你喜欢夏天还是冬天?	조동사 '会', '能' 동사 '怕' 선택의문문 '对'의 용법
10과	我见了高中同学。 고등학교 동창을 만났어요.	
	她去姥姥家了。 你吃早饭了没有? 我见了几个高中同学。 我们一边吃饭, 一边聊天。	어기조사 '了' 용법 (1) 동태조사 '了' 용법 '了'의 부정문과 의문문 '一边……一边……'
11과	快考试了。 시험이 코앞이에요.	
	下雨了, 你带伞了吗? 你怎么了? 快考试了, 你还天天出去玩儿, 怎么行? 我会好好复习的。	어기조사 '了' 용법 (2) '快……了' 용법 명사의 중첩 1음절 형용사의 중첩 '会……的'
12과	복습	

9

 **권의 학습 내용**

	핵심 표현	어법 포인트	발음 연습	문화 소개
01과	我们坐飞机去上海。 Wǒmen zuò fēijī qù Shànghǎi. 우리는 비행기를 타고 상하이에 가.			
	我们坐飞机去上海。 我没有时间去玩儿。 这个月底我得考HSK六级。 我从昨天开始咳嗽、发烧。 你是不是感冒了? 我下了班就去。	수단과 방식을 나타내는 연동문 '没有'를 쓰는 연동문 조동사 '得' '从……开始' '是不是' 정반의문문 동사1+'了'……'就'+동사2	잰말놀이	중국의 교통 수단
02과	你唱歌唱得真棒! Nǐ chànggē chàng de zhēn bàng! 너 노래 정말 잘 부른다!			
	期末考试考得怎么样? 好看极了。 你再来一个吧。 我为你唱一首《甜蜜蜜》。 会是会，不过唱得不太好。	정도보어 동사 '来'의 여러 가지 용법 개사 '为' 'A是A, 不过……'	잰말놀이	미션! 중국인처럼 말하기
03과	我来晚了。 Wǒ láiwǎn le. 제가 늦었습니다.			
	昨天我在仁寺洞看见你了。 你怎么又迟到了? 请问，您找谁? 我打的不是01086761023吗?	결과보어 부사 '又'와 '再' '不是……吗?' 전화번호 읽기	잰말놀이	중국 요리 기행 ③
04과	我见过他几次。 Wǒ jiànguo tā jǐ cì. 나는 그를 몇 번 만난 적이 있어요.			
	你去过杭州西湖吗? 我得去趟新罗医院。 我去过两次。 我也听说过。	동태조사 '过' 동량사 동량보어 동사 '听说'	중국 고전 읽기	중국의 5대 명산
05과	我在中国住了三年。 Wǒ zài Zhōngguó zhùle sān nián. 나는 중국에서 3년 동안 살았어.			
	我在中国住了三年。 听说，你是太极拳高手。 你来韩国多长时间了? 我也刚到。	시량보어 비지속동사 '刚'과 '刚才'	중국 영화 속 명대사 읽기	중국의 명절 풍습
06과	복습			

핵심 표현	어법 포인트	발음 연습	문화 소개

07과 你快下来吧。 Nǐ kuài xiàlai ba. 얼른 내려와.

妈妈，我回来了。 你快进屋来吧。 你帮我安排好日程吧。 祝您出差顺利！	단순방향보어 방향보어와 목적어 '祝' 기원문	중국 명사의 명언 읽기	하고 싶은 말 말고, 잘하는 말을 하자

08과 我跟校长商量商量。 Wǒ gēn xiàozhǎng shāngliang shāngliang. 제가 교장 선생님과 상의해 볼게요.

关于他的事，我得跟校长商量商量。 校长也应该考虑这个。 咱们换一下。 除了青岛啤酒外，还有什么啤酒？	개사 '关于', '除了' 2음절 동사의 중첩 조동사 '应该' 동량보어 '一下(儿)' '咱们'과 '我们'	중국 고전 읽기	중국의 술자리 문화

09과 我走回来了。 Wǒ zǒu huílai le. 나는 걸어 돌아왔어요.

我从学校走回来了。 你快说出来吧。 我有话想跟你说。 好漂亮的蛋糕啊！	복합방향보어 '出来'의 파생 의미 '有'를 쓰는 연동문 '好'를 사용한 감탄문	중국 영화 속 명대사 읽기	장수면 한 그릇 추가요!

10과 现在能买得到。 Xiànzài néng mǎi de dào. 지금 살 수 있어요.

我们俩能吃得了吗？ 累了，走不动了。 你的动作够快的。 当然要快，要不就买不到了。	가능보어 '够……的' 접속사 '要不'	중국 명사의 명언 읽기	Coca Cola와 可口可乐

11과 我在看篮球比赛。 Wǒ zài kàn lánqiú bǐsài. 나는 농구 경기를 보고 있어요.

你在看什么电视节目？ 我正在吃晚饭。 我们在老地方等你们二位呢。	동작의 진행 부사 '正', '正在', '在' '二位'	당시 읽기: 〈送别 Sòngbié〉	누가 내 귀 좀 뚫어 줘요!

12과 복습

일러두기

이 책의 표기 규칙

1 이 책에 나오는 중국의 지명이나 건물, 기관, 관광명소의 명칭 등은 중국어 발음을 한국어로 표기하는 것을 원칙으로 하였습니다. 단, 우리에게 한자발음으로 잘 알려진 것에 한하여 한자발음으로 표기합니다.

例) 北京 베이징　长城 만리장성

2 인명은 각 나라에서 실제 사용하는 발음으로 표기하였습니다.

例) 张金喜 장금희　青青 칭칭

품사약어표

품사명	약어	품사명	약어	품사명	약어
명사	명	고유명사	고유	형용사	형
동사	동	조사	조	감탄사	감
수사	수	대명사	대	접속사	접
부사	부	수량사	수량	조동사	조동
양사	양	개사	개	성어	성

이 책의 등장인물

金泰山 김태산
Jīn Tàishān
아빠 (무역회사 운영)

张金喜 장금희
Zhāng Jīnxǐ
엄마 (선생님)

金松怡 김송이
Jīn Sōngyí
김태산과 장금희의 딸 (대학생)

金乐天 김낙천
Jīn Lètiān
김태산과 장금희의 아들 (고등학생)

许民俊 허민준
Xǔ Mínjùn
송이의 대학 친구

黄珍珠 황전주
Huáng Zhēnzhū
송이의 중국인 친구

李青青 리칭칭
Lǐ Qīngqing
낙천이의 중국인 친구

01

我们坐飞机去上海。
Wǒmen zuò fēijī qù Shànghǎi.

우리는 비행기를 타고 상하이에 가.

학습 포인트

- 연동문으로 수단이나 방식 나타내기
- 동사 '没有'를 쓰는 연동문 이해하기
- 조동사 '得' 활용하기
- '是不是' 정반의문문 익히기

나의 회화 수첩

상황 ❶ 상하이로 출발~ 01-01

乐 天　你们怎么去上海?
　　　　Nǐmen zěnme qù Shànghǎi?

青 青　我们坐飞机去上海。
　　　　Wǒmen zuò fēijī qù Shànghǎi.

乐 天　你们坐几点的飞机?
　　　　Nǐmen zuò jǐ diǎn de fēijī?

青 青　我们坐上午十点半的飞机。
　　　　Wǒmen zuò shàngwǔ shí diǎn bàn de fēijī.

上海 Shànghǎi 고유 상하이 | 飞机 fēijī 명 비행기

상황 ❷ 인생은 시험의 연속이라네 01-02

民 俊　周末了，我们去玩儿吧。
　　　　Zhōumò le, wǒmen qù wánr ba.

松 怡　不行。我没有时间去玩儿。
　　　　Bùxíng. Wǒ méiyǒu shíjiān qù wánr.

民 俊　你有什么事?
　　　　Nǐ yǒu shénme shì?

松 怡　这个月底我得考HSK六级。
　　　　Zhège yuèdǐ wǒ děi kǎo HSK liù jí.

民 俊　那你学习吧。
　　　　Nà nǐ xuéxí ba.

月底 yuèdǐ 명 월말 | 得 děi 조동 ~해야만 한다 | 考 kǎo 동 시험을 보다 | 级 jí 명 등급 | 学习 xuéxí 동 공부하다

 건강은 건강할 때 지킵시다! 🎧 01-03

周老师 你的脸色不好，哪儿不舒服？
Nǐ de liǎnsè bù hǎo, nǎr bù shūfu?

张金喜 我从昨天开始咳嗽、发烧。
Wǒ cóng zuótiān kāishǐ késou、fāshāo.

周老师 你是不是感冒了？
Nǐ shì bu shì gǎnmào le?

张金喜 好像是。
Hǎoxiàng shì.

周老师 你去医院看病了吗？
Nǐ qù yīyuàn kànbìng le ma?

张金喜 我事儿多，还没去呢。
Wǒ shìr duō, hái méi qù ne.

周老师 这可不行，你快去看吧。
Zhè kě bùxíng, nǐ kuài qù kàn ba.

张金喜 好的。我下了班就去。
Hǎo de. Wǒ xiàle bān jiù qù.

脸色 liǎnsè 명 안색 | 咳嗽 késou 동 기침하다 | 发烧 fāshāo 동 열이 나다 | 感冒 gǎnmào 명 감기 동 감기에 걸리다
好像 hǎoxiàng 부 마치 ~와 같다 | 医院 yīyuàn 명 병원 | 看病 kànbìng 동 진찰하다, 진찰을 받다 | 可 kě 부 정말로
下班 xiàbān 동 퇴근하다 ●周 Zhōu 주 [성씨]

어법 노하우 대 공개

수단, 방식을 나타내는 연동문

'주어+동사1+동사2' 형식의 연동문은 동사1이 동사2의 수단이나 방식임을 나타낼 수 있다. '~을 이용하여(동사1) ~하다(동사2)'라는 뜻이다.

爸爸坐飞机去北京。
Bàba zuò fēijī qù Běijīng.
아빠는 비행기를 타고 베이징에 가세요.

他们用汉语说话。
Tāmen yòng Hànyǔ shuōhuà.
그들은 중국어로 말해요.

부정문을 만들 때는 동사1 앞에 부정부사 '不'를 사용한다.

她不坐火车来。
Tā bú zuò huǒchē lái.
그녀는 기차를 타고 오지 않아요.

他不用铅笔写字。
Tā bú yòng qiānbǐ xiě zì.
그는 연필로 글씨를 쓰지 않아요.

'没有'를 쓰는 연동문

'没有+时间+동사' 형식으로 연동문을 만들 수 있으며, '~할 시간이 없다'라는 뜻이다.

我没有时间看电影。 나는 영화를 볼 시간이 없어.
Wǒ méiyǒu shíjiān kàn diànyǐng.

'没有+명사+동사' 형식으로 연동문을 만들 수 있으며, '~할 ~이 없다'라는 뜻이다.

最近我没有衣服穿。 요즘 나는 입을 옷이 없어.
Zuìjìn wǒ méiyǒu yīfu chuān.

알아두자! '我没有穿衣服。'는 동사술어문으로 '나는 옷을 입지 않았다.'의 뜻이 된다.

조동사 '得'

'得 děi'는 '~해야만 한다'라는 당위를 나타내는 조동사로, 조동사 '要'보다 당위의 강도가 더 세다.

我得回中国。
Wǒ děi huí Zhōngguó.
나는 중국에 돌아가야만 해요.

你得努力学习。
Nǐ děi nǔlì xuéxí.
너는 열심히 공부해야 해.

조동사 '得'의 부정형은 '~할 필요가 없다'라는 뜻의 '不用'을 사용한다.

你不用坐火车去。 기차를 타고 갈 필요가 없어요.
Nǐ bú yòng zuò huǒchē qù.

从……开始

'~부터'라는 뜻으로, 어떤 일의 발생 시점을 나타낸다. '从……开始'의 형식에서 '开始' 대신 '起'를 쓰기도 한다.

从下星期一**开始**，我妹妹学习汉语。 다음 주 월요일부터 내 여동생은 중국어를 배워요.
Cóng xià xīngqīyī kāishǐ, wǒ mèimei xuéxí Hànyǔ.

从明天**起**我要六点起床。 내일부터 나는 6시에 일어날 거야.
Cóng míngtiān qǐ wǒ yào liù diǎn qǐchuáng.

'是不是' 정반의문문

상대방에게 어떤 사실을 확인하거나 동의를 구할 때 '是不是' 정반의문문을 쓸 수 있다. '是不是'는 보통 주어 뒤, 술어 앞, 문장 끝에 위치한다.

飞机**是不是**快要起飞了？
Fēijī shì bu shì kuàiyào qǐfēi le?
비행기가 곧 이륙하나요?

你**是不是**病了？
Nǐ shì bu shì bìng le?
병이 났어요?

你喜欢他，**是不是**？
Nǐ xǐhuan tā, shì bu shì?
너 그 사람 좋아하지, 그렇지?

연동문을 정반의문문으로 만들 경우에도 '是不是'를 사용한다.

你爸爸**是不是**去中国出差？ 너희 아빠는 중국으로 출장을 가시지?
Nǐ bàba shì bu shì qù Zhōngguó chūchāi?

동사1 + '了' …… '就' + 동사2

첫 번째 동작(동사1)을 마치고 난 후 바로 이어서 두 번째 동작(동사2)을 한다는 것을 나타낸다. 과거, 미래, 습관적으로 발생하는 일에 쓴다. '就'는 생략할 수 있다.

昨天我下**了**班**就**回家了。 어제 나는 퇴근 후에 바로 집으로 갔어요. (과거)
Zuótiān wǒ xiàle bān jiù huí jiā le.

我们吃**了**午饭**就**出发。 우리는 점심을 먹고 바로 출발할 거예요. (미래)
Wǒmen chīle wǔfàn jiù chūfā.

下**了**课他们都去操场踢足球。
Xiàle kè tāmen dōu qù cāochǎng tī zúqiú.
수업을 마치고 그들은 모두 운동장으로 축구를 하러 가요. (습관적으로 발생하는 일)

새 단어

说话 shuōhuà 동 말하다 | 铅笔 qiānbǐ 명 연필 | 写字 xiě zì 글씨를 쓰다 | 最近 zuìjìn 명 최근, 요즘 | 穿 chuān 동 (옷을) 입다 | 回 huí 동 되돌아가다 | 努力 nǔlì 형 열심히 | 妹妹 mèimei 명 여동생 | 起飞 qǐfēi 동 이륙하다 | 病 bìng 동 병이 나다 | 操场 cāochǎng 명 운동장 | 踢 tī 동 차다, 발길질하다

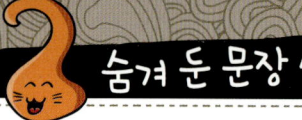
숨겨 둔 문장 실력

▶ 바꿔서 말해 보고, 이를 활용해 대화를 나눠 보세요. 🎧 01-04

하나 我们坐飞机去上海。

坐火车　　首尔
坐船　　　青岛
骑自行车　学校

> 실력 up!
> A 你们怎么去上海？
> B 我们坐飞机去上海。

坐火车 zuò huǒchē 기차를 타다 | 首尔 Shǒu'ěr 서울 | 坐船 zuò chuán 배를 타다 | 青岛 Qīngdǎo 칭다오 | 骑自行车 qí zìxíngchē 자전거를 타다 | 学校 xuéxiào 학교

둘 我没有时间去玩儿。

看电视
喝酒
旅行

> 실력 up!
> A 我们去玩儿吧。
> B 不行，我没有时间去玩儿。

看电视 kàn diànshì TV를 보다 | 喝酒 hē jiǔ 술을 마시다 | 旅行 lǚxíng 여행하다

셋 我下了班就去。

下　课　　回家
吃　饭　　出发
还　书　　回来

> 실력 up!
> A 你什么时候去？
> B 我下了班就去。

下课 xiàkè 수업이 끝나다 | 回家 huí jiā 집으로 돌아가다 | 吃饭 chīfàn 밥을 먹다 | 出发 chūfā 출발하다 | 还书 huán shū 책을 돌려주다 | 回来 huílai 돌아오다

단어 플러스

여러 가지 교통 수단

飞机 fēijī 비행기 | 火车 huǒchē 기차 | 地铁 dìtiě 지하철 | 公共汽车 gōnggòngqìchē 버스 | 长途汽车 chángtúqìchē 시외버스 | 高速大客 gāosùdàkè 고속버스 | 出租车 chūzūchē 택시 | 船 chuán 배 | 游船 yóuchuán 유람선 | 三轮车 sānlúnchē 삼륜차 | 摩托车 mótuōchē 오토바이 | 自行车 zìxíngchē 자전거

나만의 복습 다이어리

두 주먹 불끈 쥐고 3권에 도전! 아자! 아자!
3권의 1과를 화려하게 열어 준 어법은 바로~ 연동문!! 연동문은 한 문장에 두 개 이상의 동사가 나오는 문장이라고 1권에서 배웠는데, 이번에 두 가지 연동문을 배웠지. 첫 번째로 배운 것은 수단이나 방식을 나타내는 연동문이야. 교통수단을 이용해 장소를 이동한다는 표현을 할 때 많이 사용한다고 해.
그럼 예를 한번 들어 볼까?

 나는 비행기를 타고 상하이에 가요. 我坐飞机去上海。Wǒ zuò fēijī qù Shànghǎi.

두 번째로 배운 것은 '没有'를 쓰는 연동문인데, '어떤 일을 할 시간이 없다.'라고 표현할 때 '没有时间' 뒤에 동작을 나타내는 동사를 붙이면 돼. '나는 밥 먹을 시간이 없다.'라는 문장을 만들어 본다면,
我没有时间 + 밥 먹다 → 我没有时间吃饭。Wǒ méiyǒu shíjiān chīfàn.
이라고 하면 되는 거지.

'是不是' 정반의문문에는 확인의 어감이 들어 있어. 그러니까 상대방이 나를 좋아하는 것 같으면
'你喜欢我，是不是？Nǐ xǐhuan wǒ, shì bu shì？ (너 나 좋아하지, 그렇지?)'하고 물으면 되는 거야.
'是不是'의 위치는 주어 뒤, 술어 앞, 문장 끝 등 자유로운 편이야.

어떤 동작을 마친 후 바로 두 번째 동작을 한다고 할 때는 '了'와 '就'를 써서 표현한다고 배웠어. 연동문처럼 동사가 두 개 등장하는데 '了'는 첫 번째 동사 뒤에 놓아야 해. 예를 들어 볼까?

 나는 밥 먹고 바로 갈 거예요. 我吃了饭就去。Wǒ chīle fàn jiù qù.

와! 첫날부터 실력 발휘 확실하게 한 것 같은데!
1권, 2권에 이어 3권의 느낌도 Good~ Good~ 이대로 쭉 파이팅이다!! 加油! Jiāyóu!

즉문즉답

Q 선생님, '没有时间。'과 '没有时间吃饭。'은 어떻게 다른가요?

A 네. 두 문장은 동사술어문과 연동문이라는 차이가 있습니다.

두 문장에 모두 '没有时间'이 들어 있는데요. 앞 문장은 동사술어문으로 '시간이 없다'라는 뜻이고, 뒤 문장은 '没有'를 쓰는 연동문으로 '밥 먹을 시간이 없다'라는 뜻으로 해석됩니다.
그럼 '没有'를 쓰는 연동문의 예를 하나 더 들어 볼까요?

我没有时间跟你聊天儿。난 너와 수다를 떨 시간이 없어.
Wǒ méiyǒu shíjiān gēn nǐ liáotiānr.

차근차근 실력 확인

1 잘 듣고 그림과 녹음 내용이 일치하면 O표, 일치하지 않으면 X표를 해 보세요. 🎧 01-05

❶

(   )

❷

(   )

❸

(   )

❹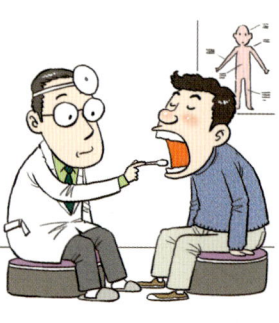

(   )

2 아래 단어의 한어병음과 뜻을 해당하는 번호의 빈칸에 알맞게 써 보세요.

| ① 月底 | ② 时间 | ③ 发烧 | ④ 感冒 |
| ⑤ 医院 | ⑥ 脸色 | ⑦ 看病 | ⑧ 咳嗽 |

❶ 한어병음 _____ 뜻 _____   ❷ 한어병음 _____ 뜻 _____

❸ 한어병음 _____ 뜻 _____   ❹ 한어병음 _____ 뜻 _____

❺ 한어병음 _____ 뜻 _____   ❻ 한어병음 _____ 뜻 _____

❼ 한어병음 _____ 뜻 _____   ❽ 한어병음 _____ 뜻 _____

3 대화가 완성될 수 있도록 문장을 알맞게 연결해 보세요.

❶ 你们怎么去上海?　　　　　　　　　A 还没去呢。
　Nǐmen zěnme qù Shànghǎi?　　　　　　Hái méi qù ne.

❷ 我们去玩儿吧。　　　　　　　　　　B 好像是。
　Wǒmen qù wánr ba.　　　　　　　　　Hǎoxiàng shì.

❸ 你是不是感冒了?　　　　　　　　　C 我们坐飞机去上海。
　Nǐ shì bu shì gǎnmào le?　　　　　　　Wǒmen zuò fēijī qù Shànghǎi.

❹ 你去医院看病了吗?　　　　　　　　D 不行，我得考HSK六级。
　Nǐ qù yīyuàn kànbìng le ma?　　　　　 Bùxíng, wǒ děi kǎo HSK liù jí.

4 주어진 단어를 어순에 맞게 배열하고, 문장 전체를 해석해 보세요.

❶ 我　咳嗽　从　开始　昨天

　문장 : _____。

　뜻 : _____.

❷ 上午　我们　的　飞机　坐　十点

　문장 : _____。

　뜻 : _____.

❸ 去　班　我　了　下　就

　문장 : _____。

　뜻 : _____.

❹ 我　玩儿　没有　去　时间

　문장 : _____。

　뜻 : _____.

발음·성조 클리닉

📋 잰말놀이를 통해 발음과 성조를 연습해 보세요. 🎧 01-06

1 잰말놀이 연습 (제1성에 유의하여 읽어 보세요.)

Sānyuè sān, Xiǎo Sān qù dēngshān;
Shàngshān yòu xiàshān, xiàshān yòu shàngshān.

三月三，小三去登山；上山又下山，下山又上山。

2 잰말놀이 연습 (제2성에 유의하여 읽어 보세요.)

Chángchéng cháng, chéngqiáng cháng,
chángcháng Chángchéng cháng chéngqiáng.

长城长，城墙长，长长长城长城墙。

3 잰말놀이 연습 (제3성에 유의하여 읽어 보세요.)

Mǎi báicài, dā hǎidài,
bù mǎi hǎidài jiù bié mǎi dàbáicài.

买白菜，搭海带，不买海带就别买大白菜。

4 잰말놀이 연습 (제4성에 유의하여 읽어 보세요.)

Sì shì sì, shí shì shí, shísì shì shísì, sìshí shì sìshí,
shéi yào bǎ shísì shuōchéng sìshí jiù dǎ shéi shísì.

四是四，十是十，十四是十四，四十是四十，
谁要把十四说成四十就打谁十四。

간체자와 친해지기

✏️ 획순을 참고해서 간체자를 따라 써 보세요.

海 hǎi	丶 丶 氵 氵 广 汇 海 海 海 海

病 bìng	丶 亠 广 广 疒 疒 疒 病 病 病

脸 liǎn	丿 几 月 月 肵 脸 脸 脸 脸 脸

坐 zuò	丿 人 八 从 丛 坐 坐

玩 wán	一 二 千 王 王 玨 玕 玩

级 jí	乙 纟 纟 纟 纷 级 级

感 gǎn	一 厂 厂 厂 厂 厅 咸 咸 咸 感 感 感

冒 mào	丨 冂 冂 冃 冒 冒 冒 冒 冒

01 我们坐飞机去上海。

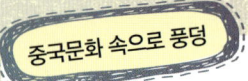
중국문화 속으로 풍덩

중국의 교통 수단

중국에 사람 많고 자전거(自行车 zìxíngchē) 많은 것은 오래 전부터 알고 있었던 사실이지만, 특히 출퇴근 시간이 되면 '이야! 정말 많다 많아!' 소리가 절로 나올 만큼 확실하게 체감하게 된다. 요즘엔 오토바이(摩托车 mótuōchē)를 타는 사람들도 많아져서 오토바이가 자전거보다 더 많은 것 같기도 하다. 거리를 가득 메운 채 길게 늘어서 있는 자전거와 오토바이 행렬을 보고 있노라면 마치 밀려오는 파도를 보는 듯한 착각이 들 때도 있다.

자전거와 오토바이를 이용하는 사람들이 이리도 많으니 버스(公共汽车 gōnggòngqìchē)와 지하철(地铁 dìtiě)의 사정은 좀 나을까? 바람과는 달리 버스와 지하철 역시 아주 한가한 시간이 아니고서는 대부분 콩나물시루처럼 사람들로 가득 차 있다.

낭만을 즐기고 싶다면 역시나 2층 버스(双层巴士 shuāngcéng bāshì)가 제격이다. 햇볕 좋은 가을날 2층 맨 앞자리에 앉아 살짝 열린 차창을 통해 불어 오는 시원한 바람을 맞으며 낯선 도시의 풍광을 감상하는 기분이란…… 바쁜 일상 속 작은 힐링이 되어 줄 것이다.

느긋이 버스를 이용할 시간적인 여유가 없다면 택시를 한번 타 보자. 중국의 택시(出租车 chūzūchē)는 생각보다 잡기 쉽고 기사(司机 sījī)들도 친절한 편이다. 물론 외국 손님들이 타면 길을 살짝 돌아 가는 기사들도 간혹 있지만, 그런 일은 어느 나라에나 있는 일이니 통과! 택시의 기본 요금은 지역마다 다르게 책정되어 있으니 미리 알아보고 가는 것이 좋다.

여행에 대한 기대로 마음을 설레게 하는 기차역(火车站 huǒchēzhàn)은 어딘가로 떠나려는 사람들로 늘 북적인다. 게다가 중국은 나라가 커서 도시 간 이동 거리가 길다 보니 승객들이 들고 있는 짐 보따리의 크기도 만만치 않아 때로는 사람보다 짐이 더 많아 보이기도 한다. 중국의 기차역에서는 모든 짐에 대해 안전 검사를 실시하고 있으니 서두르지 말고 천천히 순서를 따르도록 하자.

02

你唱歌唱得真棒!
Nǐ chànggē chàng de zhēn bàng!

너 노래 정말 잘 부른다!

학습 포인트

- 정도보어와 조사 '得' 이해하기
- 정도보어 '极了', '死了', '透了'
- 동사 '来'의 다양한 용법 알기
- 'A是A, 不过……' 구문 응용하기

나의 회화 수첩

상황 1 내가 고른 최고의 영화는? 02-01

青青 **最近你看了什么电影？**
Zuìjìn nǐ kànle shénme diànyǐng?

乐天 **前天我看了一部《小王子》。**
Qiántiān wǒ kànle yí bù《Xiǎo Wángzǐ》.

青青 **怎么样？好看吗？**
Zěnmeyàng? Hǎokàn ma?

乐天 **好看极了。**
Hǎokàn jí le.

最近 zuìjìn 명 최근 | 前天 qiántiān 명 그저께 | 部 bù 양 부, 편 [서적이나 영화를 세는 단위] | 好看 hǎokàn 형 재미있다 | 极了 jí le 매우, 몹시 | 小王子 Xiǎo Wángzǐ 어린왕자 [소설 및 영화 제목]

상황 2 반성할 줄 아는 착한 아들 02-02

张金喜 **期末考试考得怎么样？**
Qīmò kǎoshì kǎo de zěnmeyàng?

乐天 **考得不怎么样。**
Kǎo de bù zěnmeyàng.

张金喜 **怎么，考题太难了吗？**
Zěnme, kǎotí tài nán le ma?

乐天 **没有，都怪我平时不努力。**
Méiyou, dōu guài wǒ píngshí bù nǔlì.

张金喜 **乖儿子，你自己明白了就好了。**
Guāi érzi, nǐ zìjǐ míngbaile jiù hǎo le.

期末考试 qīmò kǎoshì 명 기말 시험 | 得 de 조 정도보어에 쓰이는 조사 | 考题 kǎotí 명 시험 문제 | 难 nán 형 어렵다 | 怪 guài 동 원망하다, 책망하다 | 平时 píngshí 명 평소 | 努力 nǔlì 동 노력하다 | 乖 guāi 형 얌전하다, 착하다 | 儿子 érzi 명 아들 → 女儿 nǚ'ér 딸 | 自己 zìjǐ 대 자기, 자신 | 明白 míngbai 동 알다, 이해하다

 내 노래에 날개가 있다면 🎧 02-03

松怡 **你唱歌唱得真棒!**
Nǐ chànggē chàng de zhēn bàng!

民俊 **真的假的?**
Zhēn de jiǎ de?

松怡 **真的。你再来一个吧。**
Zhēn de. Nǐ zài lái yí ge ba.

民俊 **那我为你唱一首《甜蜜蜜》。**
Nà wǒ wèi nǐ chàng yì shǒu 《Tiánmìmì》.

松怡 **哇,太好了!**
Wā, tài hǎo le!

民俊 **松怡,你会不会唱这首歌?**
Sōngyí, nǐ huì bu huì chàng zhè shǒu gē?

松怡 **会是会,不过唱得不太好。**
Huì shì huì, búguò chàng de bú tài hǎo.

民俊 **那也没关系,我们一起唱吧。**
Nà yě méi guānxi, wǒmen yìqǐ chàng ba.

唱歌 chànggē 동 노래하다 | 真 zhēn 부 진정으로 형 진실의 | 棒 bàng 형 훌륭하다 | 假 jiǎ 형 거짓의 | 来 lái 동 다른 동사의 뜻을 대신함 | 为 wèi 개 ~을 위해 | 首 shǒu 양 곡 [시, 노래 등을 세는 단위] | 哇 wā 감 와 [문장 앞에 쓰여 감탄을 나타냄] | 不过 búguò 접 그러나, 하지만 | 没关系 méi guānxi 괜찮다, 상관없다 | 一起 yìqǐ 부 같이 ●甜蜜蜜 Tiánmìmì 첨밀밀 [영화 및 노래 제목]

어법 노하우 대 공개

정도보어

정도보어란 동사나 형용사 뒤에서 동작이나 상태의 수준이 어느 정도에 이르렀는지를 설명해 주는 보어를 말한다.

① **용법1**

정도보어로 주로 형용사가 쓰여 동작의 상태를 묘사한다. 동사 및 형용사와 정도보어 사이에 구조조사 '得'를 사용한다.

[동사/형용사+得+정도보어]

她写得很好。 그녀는 잘 써요.
Tā xiě de hěn hǎo.

목적어를 가진 동사에 정도보어를 사용할 경우, 목적어 뒤에 동사를 한 번 더 반복하고 '得+정도보어'를 붙인다. 만약 동사가 이합사일 경우, 이합사의 동사 부분을 한 번 더 반복해 준다.

[주어+동사+목적어+동사+得+정도보어]

她写汉字写得很好。
Tā xiě Hànzì xiě de hěn hǎo.
그녀는 한자를 잘 써요.

他游泳游得非常好。
Tā yóuyǒng yóu de fēicháng hǎo.
그는 수영을 참 잘해요.

긴 목적어나 강조해야 할 목적어는 문장 앞에 놓을 수 있는데, 이를 '전치목적어'라 한다.

[목적어+주어+동사+得+정도보어]

汉字她写得很好。 한자를 그녀는 잘 써요.
Hànzì tā xiě de hěn hǎo.

- **부정형**

  '得+정도보어'의 부정형을 만들 때는 부정부사 '不'를 사용한다.

  他唱歌唱得不太好。 그는 노래를 잘 못 부릅니다.
  Tā chànggē chàng de bú tài hǎo.

- **의문형**

  '得+정도보어'의 의문형은 다음과 같은 형태로 쓴다.

  她唱得好吗?
  Tā chàng de hǎo ma?
  그녀는 노래를 잘 부르나요?

  他跑步跑得快不快?
  Tā pǎobù pǎo de kuài bu kuài?
  그는 빨리 달리나요?

  你在中国过得怎么样?
  Nǐ zài Zhōngguó guò de zěnmeyàng?
  너 중국에서 어떻게 지내니?

② **용법2**

구조조사 '得'를 쓰지 않고 일부 동사나 형용사 뒤에 바로 정도보어를 붙여 정도가 극에 달했음을 표현할 수 있다.

[동사/형용사+极了/死了/透了]

今天高兴极了。
Jīntiān gāoxìng jí le.
오늘 너무 기쁘네요.

疼死了!
Téng sǐ le!
아파 죽겠네!

我弟弟懒透了。
Wǒ dìdi lǎn tòu le.
제 동생은 게을러 터졌어요.

동사 '来'

동사 '来'는 '오다'라는 기본 뜻 외에 여러 가지 뜻으로 활용된다.

① 오다

我妈妈来了。 Wǒ māma lái le. 우리 엄마가 오셨어요.

② (어떤 일이) 생기다, 닥치다

问题来了，我们一起解决吧。 문제가 생기면 우리가 같이 해결하자고.
Wèntí lái le, wǒmen yìqǐ jiějué ba.

③ [다른 동사의 앞에 쓰여 그 동작을 주동적으로 하려는 것을 나타냄]

我来买吧。 Wǒ lái mǎi ba. 제가 살게요.

④ (어떤 동작을) 하다 [다른 동사의 뜻을 대신하여 쓰임]

服务员，来两瓶啤酒吧。 웨이터, 맥주 두 병 주세요.
Fúwùyuán, lái liǎng píng píjiǔ ba.

개사 '为'

개사 '为'는 '~을 위하여'라는 뜻으로 행위나 동작의 대상을 나타내기도 하고, '~때문에', '~하기 위하여'라는 뜻으로 원인이나 목적을 나타내기도 한다.

他为我买了音乐会票。
Tā wèi wǒ mǎile yīnyuèhuì piào.
그가 나를 위해 음악회 표를 샀어요.

我们都为你高兴。
Wǒmen dōu wèi nǐ gāoxìng.
우리는 모두 너로 인해 기쁘구나.

A是A, 不过……

'~하긴 한데, 그러나 ~하다'라는 뜻으로, 사람이나 사물을 평가할 때 쓰는 구문이다. 앞 절에서 긍정적인 내용을 제시하면 '不过' 뒤 절에서 부정의 뜻을 덧붙인다.

衣服好看是好看，不过太贵了。 옷이 예쁘긴 예쁜데, 너무 비싸요.
Yīfu hǎokàn shì hǎokàn, búguò tài guì le.

새 단어

跑步 pǎobù 동 달리다 ｜ 过 guò 동 지내다 ｜ 高兴 gāoxìng 형 기쁘다 ｜ 疼 téng 형 아프다 ｜ 懒 lǎn 형 게으르다 ｜ 问题 wèntí 명 문제 ｜ 解决 jiějué 동 해결하다 ｜ 服务员 fúwùyuán 명 웨이터, 종업원 ｜ 瓶 píng 양 병 ｜ 啤酒 píjiǔ 명 맥주 ｜ 贵 guì 형 비싸다

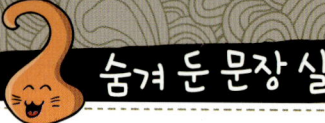
숨겨 둔 문장 실력

▶ 바꿔서 말해 보고, 이를 활용해 대화를 나눠 보세요. 🎧 02-04

하나 好看极了。
好听
可爱
羡慕

> 실력 up!
> A 好看吗?
> B 好看极了。

好听 hǎotīng 듣기 좋다 | 可爱 kě'ài 귀엽다 | 羡慕 xiànmù 부럽다

둘 考得不怎么样。
跑　不好
写　不太好
说　不流利

> 실력 up!
> A 这次考得怎么样?
> B 考得不怎么样。

跑 pǎo 달리다 | 写 xiě 쓰다 | 说 shuō 말하다 | 不流利 bù liúlì 유창하지 않다

셋 你唱歌唱得真棒!
跳舞跳
说汉语说
做菜做

> 실력 up!
> A 我唱歌唱得怎么样?
> B 你唱歌唱得真棒!

跳舞 tiàowǔ 춤을 추다 | 说汉语 shuō Hànyǔ 중국어를 하다 | 做菜 zuò cài 요리를 하다

단어 플러스

시험과 관련된 표현

期中考试 qīzhōng kǎoshì 중간고사 | 期末考试 qīmò kǎoshì 기말고사 | 高考 gāokǎo 대학 입학 시험 | 汉语水平考试 Hànyǔ shuǐpíng kǎoshì 중국어능력시험(HSK) | 托福 tuōfú 토플(TOEFL) | 准考证 zhǔnkǎozhèng 수험표 | 监考教师 jiānkǎo jiàoshī 시험 감독 교사 | 补考 bǔkǎo 재시험 | 作弊 zuòbì 커닝하다, 부정 행위를 하다

나만의 복습 다이어리

오늘부터 보어를 배우기 시작했어. 중국어에서 보어는 술어의 부족한 부분을 채워 주는 보약 같은 존재라고 할 수 있지. 앞으로 많은 보어들이 등장할 텐데, 오늘은 정도보어로 스타트!!

정도보어는 동작이나 상태가 어느 정도에 이르는지를 나타내는 보어인데, 조사 '得 de'가 술어와 정도보어를 이어 주는 오작교 역할을 하지. '得'는 어떠한 위협(?)이 따르더라도 반드시 술어 뒤에만 붙어 있어야 해. 그럼 이합사에 써야 할 땐? 이합사의 동사 부분 뒤에 찰싹 붙여야지. 예를 들어 볼까?

그는 말을 잘해요. 他说得很好。Tā shuō de hěn hǎo.

그녀는 수영을 정말 잘해요. 她游泳游得非常好。Tā yóuyǒng yóu de fēicháng hǎo.

역시 예문을 만들어 봐야 확실히 정리가 된다니까!

정도보어의 부정형을 만들 때는 정도보어 앞에 '不'를 쓰면 돼. 그렇다면 위에서 만든 예문 중 첫 번째 문장의 부정형은 '他说得不好。Tā shuō de bù hǎo.'가 되겠지.

또 하나의 정도보어 활용법! 동사나 형용사 뒤에 '极了 jí le', '死了 sǐ le', '透了 tòu le'를 붙여서 정도가 극에 달했음을 나타내는 거야. 우리가 평소에 자주 하는 말 중에 '좋아 죽겠네!'라는 표현이 있잖아~ 그 말은 중국어로 어떻게 표현할 수 있을까? 형용사 '高兴' 뒤에 '极了'를 붙여 '高兴极了! Gāoxìng jí le!'라고 하면 된대.

오늘은 정도보어만 집중적으로 복습했는데, 나머지는 조금 쉬었다가 어법 노하우를 한 번 더 훑어 봐야겠어.

哎呀, 累死了! Āiyā, lèi sǐ le! 에고, 힘들어 죽겠다!

즉문즉답

Q 선생님, '他说汉语得很好。'는 잘못된 문장인가요?

A 네. 정도보어를 잘못 사용한 문장입니다.

정도보어의 형식에서 조사 '得'는 동사 뒤에 써 주는 것이 원칙이랍니다. 그런데 이때 동사 뒤에 목적어가 있으면 '동사+목적어+동사+得'의 형식으로 써야 하지요. 예문을 보면서 동사와 '得'의 위치에 다시 한 번 눈도장을 꽝! 찍어 볼까요?

他说汉语说得很好。 그는 중국어를 잘합니다.
Tā shuō Hànyǔ shuō de hěn hǎo.

차근차근 실력 확인

1 잘 듣고 그림과 녹음 내용이 일치하면 O표, 일치하지 않으면 X표를 해 보세요. 🎧 02-05

❶

(   )

❷

(   )

❸

(   )

❹

(   )

2 아래 단어의 한어병음과 뜻을 해당하는 번호의 빈칸에 알맞게 써 보세요.

| ① 前天 | ② 不过 | ③ 考题 | ④ 难 |
| ⑤ 平时 | ⑥ 怪 | ⑦ 明白 | ⑧ 没关系 |

❶ 한어병음 _____ 뜻 _____   ❷ 한어병음 _____ 뜻 _____

❸ 한어병음 _____ 뜻 _____   ❹ 한어병음 _____ 뜻 _____

❺ 한어병음 _____ 뜻 _____   ❻ 한어병음 _____ 뜻 _____

❼ 한어병음 _____ 뜻 _____   ❽ 한어병음 _____ 뜻 _____

3 대화가 완성될 수 있도록 문장을 알맞게 연결해 보세요.

① 你会不会唱这首歌?　　　　　　　　A 哇! 太好了。
　Nǐ huì bu huì chàng zhè shǒu gē?　　　 Wā! Tài hǎo le.

② 怎么样? 好看吗?　　　　　　　　　B 考得不怎么样。
　Zěnmeyàng? Hǎokàn ma?　　　　　　　 Kǎo de bù zěnmeyàng.

③ 我为你唱一首《甜蜜蜜》。　　　　　C 好看极了。
　Wǒ wèi nǐ chàng yì shǒu 《Tiánmìmì》.　Hǎokàn jí le.

④ 期末考试考得怎么样?　　　　　　　D 会是会，不过唱得不太好。
　Qīmò kǎoshì kǎo de zěnmeyàng?　　　　 Huì shì huì, búguò chàng de bú tài hǎo.

4 주어진 단어를 어순에 맞게 배열하고, 문장 전체를 해석해 보세요.

① 唱　你　棒　唱歌　得　真

　문장 : ＿＿＿＿＿＿＿＿＿＿＿＿＿＿＿＿＿＿＿＿＿＿!

　뜻 : ＿＿＿＿＿＿＿＿＿＿＿＿＿＿＿＿＿＿＿＿＿＿!

② 就　自己　好　你　了　明白了

　문장 : ＿＿＿＿＿＿＿＿＿＿＿＿＿＿＿＿＿＿＿＿＿＿。

　뜻 : ＿＿＿＿＿＿＿＿＿＿＿＿＿＿＿＿＿＿＿＿＿＿.

③ 都　努力　我　怪　不　平时

　문장 : ＿＿＿＿＿＿＿＿＿＿＿＿＿＿＿＿＿＿＿＿＿＿。

　뜻 : ＿＿＿＿＿＿＿＿＿＿＿＿＿＿＿＿＿＿＿＿＿＿.

④ 你　吧　个　再　一　来

　문장 : ＿＿＿＿＿＿＿＿＿＿＿＿＿＿＿＿＿＿＿＿＿＿。

　뜻 : ＿＿＿＿＿＿＿＿＿＿＿＿＿＿＿＿＿＿＿＿＿＿.

발음·성조 클리닉

📋 잰말놀이를 통해 발음과 성조를 연습해 보세요. 🎧 02-06

1 잰말놀이 연습

Tiānqì yùbào, zuìxīn xiāoxi, bù yīn bù yǔ,
gǔnléi luòdì, fēngjuǎncányún, wǔyè píngxī.

天气预报，最新消息，不阴不雨，
滚雷落地，风卷残云，午夜平息。

2 잰말놀이 연습

Dōngtiān hēiyè cháng, xiàtiān báitiān cháng,
xiàtiān bǐ dōngtiān báitiān cháng,
dōngtiān bǐ xiàtiān hēiyè cháng.

冬天黑夜长，夏天白天长，
夏天比冬天白天长，冬天比夏天黑夜长。

3 잰말놀이 연습

Chī pútao bù tǔ pútao pír,
bù chī pútao dào tǔ pútao pír.

吃葡萄不吐葡萄皮儿，不吃葡萄倒吐葡萄皮儿。

간체자와 친해지기

✏️ 획순을 참고해서 간체자를 따라 써 보세요.

来 lái
一 一 一 平 平 来 来

极 jí
一 十 才 木 朾 朸 极

得 de
丿 彳 彳 彳 彳 彳 得 得 得 得

唱 chàng
丨 冂 曰 吅 吅 吅 吅 唱 唱 唱

歌 gē
一 一 一 一 哥 哥 哥 哥 哥 哥 歌 歌 歌

努 nǔ
乁 夕 夕 女 奴 奴 努

假 jiǎ
丿 亻 亻 亻 仔 伢 伢 伢 假 假

怪 guài
丶 丶 忄 忄 怪 怪 怪 怪

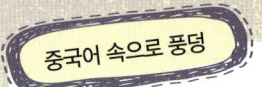

미션! 중국인처럼 말하기

중국 여행을 가거나 중국 친구와 이야기를 나누다 보면 중국인들은 우리가 책에서 배운 중국어와 좀 다르게 말하는 것 같다는 생각을 하게 된다. 그럴 땐 '아니, 그럼 내가 배운 건 정통 중국어가 아니고 사이비 중국어?'하고 살짝 의심할 수도 있겠지만, 냉정하게 생각해 보면 우리가 잘못된 중국어를 배워서 그런 것이 아니라 우리의 '발 연기'가 문제라는 것을 알게 된다. 쉽게 말해 중국인들이 프로 배우라면 우리는 이제 갓 데뷔한 신인 배우이니 당연히 차이가 날 수 밖에 없다는 것이다.

그도 그럴 것이 이제 막 발음과 성조를 익힌 상태에서 회화를 하려니 발음 신경 쓰랴, 성조 변환하랴, 앞에 있는 사람 표정 신경 쓰랴, 여기저기 신경이 분산되어 제대로 한마디 하기가 정말 힘들다. 그러니 어쩔 수 없이 발 연기를 할 수밖에 없고, 숙련된 중국 배우들의 자연스러운 연기에 밀리는 것은 당연한 이치라 하겠다.

하지만 계속 왕초보 핑계를 대면서 어설픈 중국어만 하고 있을 수는 없는 일. 하루빨리 발 연기에서 벗어나 프로의 길로 들어서고 싶다면 연기 연습을 하는 수밖에 없다. 프로 배우들을 보면 자기가 맡은 배역에 완전히 빙의되지 않던가! 우리도 그렇게 상황 속으로 들어가 연기하듯 중국어를 연습해야 자연스러운 회화를 할 수 있다.

그렇다면 어떻게 해야 상황 속으로 풍덩 빠져 중국인처럼 말할 수 있느냐고? 중국인처럼 말하려면 당장 중국으로 가야 하는 것 아니냐고? Oh No~! 중국에 가지 않고도 중국어를 유창하게 할 수 있도록 도와주는 최고의 도우미가 있으니, 그것은 바로 영화이다. 영화에는 중국의 문화, 풍습, 사회상, 언어 습관 등이 고스란히 담겨 있기 때문에 우리가 마음먹고 달려들면 짧은 시간 안에 많은 것들을 얻을 수 있다. 특히 배우들의 표정과 말투, 중간중간 튀어 나오는 따끈따끈한 관용어들을 따라하다 보면 그야말로 살아서 팔딱거리는 중국어를 쉽게 내 것으로 만들 수 있다. 영화를 고를 때는 배우들이 표준어를 구사하는 영화를 선택하고 특정 역할을 정해 그 배우의

말투와 표정을 반복해서 모방해 보는 것이 좋다. 필자는 예전에 공리(巩俐 Gǒng Lì)의 연기를 얼마나 따라했었는지 지금도 흉내를 내 보라 하면 아마도 싱크로율이 90% 이상은 될 것 같다.

창조는 모방에서 나온다고 하지 않던가! 우리도 중국 배우를 열심히 흉내 내다 보면 중국어 실력을 향상시킬 수 있다. 또한 중국어는 성조가 있는 언어이기 때문에 우리말을 할 때보다 조금 더 과장해서 연습해야 실전에서 그 맛을 살릴 수 있다는 것도 기억하자!
그럼 중국어 회화의 고수가 되는 그날까지 Go~ Go~

03

我来晚了。
Wǒ láiwǎn le.

제가 늦었습니다.

학습 포인트

◎ 결과보어의 용법 익히기
◎ 부사 '又'와 '再'의 차이점 알기
◎ '不是……吗?' 구문 활용하기
◎ 전화번호 유창하게 읽기

나의 회화 수첩

 상황 ❶ 핑계 없는 무덤은 없다 🔊 03-01

马代理　**对不起，我来晚了。**
　　　　Duìbuqǐ, wǒ láiwǎn le.

金泰山　**你怎么又迟到了？**
　　　　Nǐ zěnme yòu chídào le?

马代理　**路上堵车堵得厉害。**
　　　　Lù shang dǔchē dǔ de lìhai.

金泰山　**行。你先坐吧。**
　　　　Xíng. Nǐ xiān zuò ba.

对不起 duìbuqǐ 미안합니다 | 晚 wǎn 늦다 | 又 yòu 또 | 迟到 chídào 지각하다 | 路 lù 길 | 堵车 dǔchē 교통이 막히다 | 厉害 lìhai 대단하다, 극심하다 | 先 xiān 우선, 먼저 | ●马代理 Mǎ dàilǐ 마 대리

 상황 ❷ 세상엔 비슷한 사람이 많아   03-02

珍　珠　**昨天我在仁寺洞看见你了。**
　　　　Zuótiān wǒ zài Rénsìdòng kànjiàn nǐ le.

松　怡　**你看见我了？**
　　　　Nǐ kànjiàn wǒ le?

珍　珠　**你跟一个帅哥喝茶，是不是？**
　　　　Nǐ gēn yí ge shuài gē hē chá, shì bu shì?

松　怡　**小姐，昨天我在图书馆看书呢。**
　　　　Xiǎojiě, zuótiān wǒ zài túshūguǎn kàn shū ne.

珍　珠　**是吗？那我看错人了吧。**
　　　　Shì ma? Nà wǒ kàncuò rén le ba.

仁寺洞 Rénsìdòng 인사동 | 帅 shuài 잘생기다 | 帅哥 shuài gē 꽃미남 | 喝 hē 마시다 | 茶 chá 차 | 小姐 xiǎojiě 아가씨 | 图书馆 túshūguǎn 도서관 | 错 cuò 틀리다

 그의 전화번호는 언제 바뀌었을까? 🎧 03-03

男的 **喂!这是朗朗的手机吧?**
Wéi! Zhè shì Lǎng Lǎng de shǒujī ba?

松怡 **喂!请问,您找谁?**
Wéi! Qǐngwèn, nín zhǎo shéi?

男的 **我找朗朗。**
Wǒ zhǎo Lǎng Lǎng.

松怡 **先生,您打错了,这不是他的手机。**
Xiānsheng, nín dǎcuò le, zhè bú shì tā de shǒujī.

男的 **我打的不是01086761023吗?**
Wǒ dǎ de bú shì líng yāo líng bā liù qī liù yāo líng èr sān ma?

松怡 **不是,您打的是01086761032。**
Bú shì, nín dǎ de shì líng yāo líng bā liù qī liù yāo líng sān èr.

男的 **是吗?对不起,我打错了。**
Shì ma? Duìbuqǐ, wǒ dǎcuò le.

喂 wéi 감 여보세요 [전화상에서 상대편을 부르는 소리] | **找** zhǎo 통 찾다 | **先生** xiānsheng 명 선생님, 씨 [성인 남성을 높여 부르는 말] ● **朗朗** Lǎng Lǎng 랑랑 [중국의 유명 피아니스트]

어법 노하우 대 공개

결과보어

결과보어는 동작을 통해 나타난 결과를 표현해 주는 보어이다.

① 주요 용법

동사와 형용사가 결과보어로 쓰일 수 있으며, 동작의 완료를 나타내는 동태조사 '了'가 함께 쓰일 때가 많다.

[동사+동사 결과보어+목적어]

我看见了你的词典。
Wǒ kànjiànle nǐ de cídiǎn.
나는 네 사전을 봤어.

我已经找到工作了。
Wǒ yǐjīng zhǎodào gōngzuò le.
저는 이미 직장을 구했어요.

[동사+형용사 결과보어+목적어]

我来晚了。
Wǒ láiwǎn le.
제가 늦었네요.

他写错了四个汉字。
Tā xiěcuòle sì ge Hànzì.
그는 한자 네 개를 잘못 썼어요.

② 부정형

결과보어가 들어간 문장을 부정형으로 만들 경우, 동사 앞에 '没(有)' 혹은 '还没(有)'를 쓴다. 부정문에는 '了'를 쓰지 않는 것에 주의한다.

弟弟还没做完作业。
Dìdi hái méi zuòwán zuòyè.
남동생은 아직 숙제를 다 못 했어요.

她没考上大学。
Tā méi kǎoshàng dàxué.
그녀는 대학에 못 붙었어요.

③ 자주 쓰는 결과보어

동사 결과보어		형용사 결과보어	
完 wán	(동작을) 완성하다	好 hǎo	(동작이) 잘 마무리되다
到 dào	(목적을) 달성하다	对 duì	(동작이) 맞다
懂 dǒng	이해하다	错 cuò	(동작이) 잘못되다
成 chéng	(상황이) ~으로 변하다	晚 wǎn	(동작이) 늦다
开 kāi	작동하다, 분리하다	清楚 qīngchu	(동작이) 분명하다
给 gěi	(사물을) 주다, 전달하다	满 mǎn	가득하다
在 zài	(사람, 사물이) ~에 존재하다	干净 gānjìng	깨끗하게 완성되다

又 vs 再

'又'는 '또'라는 뜻으로, 이미 했던 동작을 중복했을 때 사용하고 주로 객관적인 사실을 나타낸다. 긍정문에 '了'를 동반할 수 있고, 부정문에 쓸 경우 '不'나 '没(有)' 앞에 위치한다.

你看，他又来了。
Nǐ kàn, tā yòu lái le.
보세요, 그가 또 왔어요.

他早上又没吃饭。
Tā zǎoshang yòu méi chīfàn.
그는 아침에 또 밥을 안 먹었어요.

'再'는 '다시'라는 뜻으로, 앞서 했던 동작을 미래에 중복할 때 사용하고 주로 주관적인 의지가 내포되어 있다. 긍정문에 '了'를 동반하지 않고, 부정문에 쓸 경우 '不'나 '没(有)' 앞뒤 모두에 위치할 수 있다.

你明天再来吧。
Nǐ míngtiān zài lái ba.
내일 다시 오세요.

他一直没再回来。
Tā yìzhí méi zài huílai.
그는 줄곧 다시 돌아오지 않았어요.

我再也不爱他了。
Wǒ zài yě bú ài tā le.
난 다시는 그를 사랑하지 않을 거예요.

不是……吗?

'~아닌가요?'라는 뜻으로, 어떤 사실을 확인할 때 사용하는 반어문의 형식이다.

他不是老师吗?
Tā bú shì lǎoshī ma?
그 사람 선생님 아닌가요?

我们不是说好今天见吗?
Wǒmen bú shì shuōhǎo jīntiān jiàn ma?
우리 오늘 만나기로 이야기된 것 아니에요?

전화번호 읽기

전화번호를 읽을 때는 숫자를 하나씩 읽되 1은 'yāo'로 읽는다. 전화번호를 물을 때는 의문사 '多少 duōshao'를 사용한다.

A 你的手机号码是多少?
Nǐ de shǒujī hàomǎ shì duōshao?
네 휴대전화 번호가 어떻게 돼?

B 01089931605。
Líng yāo líng bā jiǔ jiǔ sān yāo liù líng wǔ.
01089931605야.

새단어

汉字 Hànzì 명 한자 | 作业 zuòyè 명 숙제 | 一直 yìzhí 부 계속, 줄곧 | 爱 ài 동 사랑하다 | 号码 hàomǎ 명 번호

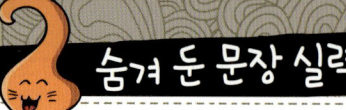

숨겨둔 문장 실력

▶ 바꿔서 말해 보고, 이를 활용해 대화를 나눠 보세요. 🎧 03-04

하나 对不起，我来晚了。
　　　写错
　　　起晚
　　　说错

> 실력 up!
> A 对不起，我来晚了。
> B 没事儿。

写错 xiěcuò 잘못 쓰다 ｜ 起晚 qǐwǎn 늦게 일어나다 ｜ 说错 shuōcuò 잘못 말하다

둘 我打的不是01086751023吗？
　　　她　　　01086751230
　　　他　　　01086751033
　　　老师　　01086751302

> 실력 up!
> A 我打的不是01086751023吗？
> B 不是，您打的是01086751032。

老师 lǎoshī 선생님

셋 我在仁寺洞看见你了。
　　　明洞
　　　故宫
　　　外滩

> 실력 up!
> A 我在仁寺洞看见你了。
> B 你看错人了。

明洞 Míngdòng 명동 ｜ 故宫 Gùgōng 자금성 ｜ 外滩 Wàitān 와이탄 [상하이의 유명 관광지]

단어 플러스

여러 가지 음료

牛奶 niúnǎi 우유 ｜ 咖啡 kāfēi 커피 ｜ 可乐 kělè 콜라 ｜ 奶茶 nǎichá 밀크티 ｜ 果汁 guǒzhī 과일 주스 ｜ 矿泉水 kuàngquánshuǐ 생수 ｜ 绿茶 lǜchá 녹차 ｜ 红茶 hóngchá 홍차 ｜ 普洱茶 pǔ'ěrchá 보이차 ｜ 铁观音茶 tiěguānyīnchá 철관음차 ｜ 茉莉花茶 mòlìhuāchá 재스민차 ｜ 龙井茶 lóngjǐngchá 용정차

나만의 복습 다이어리

오늘은 보어 시리즈 제 2탄으로 동작의 결과를 나타내는 결과보어가 등장했어!
'동사+결과보어+목적어'가 기본 형식이고, 결과보어가 될 수 있는 품사로는 동사와 형용사가 있대.
결과보어로 자주 사용되는 동사에는 '完 wán', '到 dào', '懂 dǒng' 등이 있고, 형용사로는 '好 hǎo', '错 cuò', '晚 wǎn' 등이 있더라고. 예문 하나 만들어 볼까?

 나는 그 책을 다 봤어요.　我看完了那本书。Wǒ kànwánle nà běn shū.

결과보어와 함께 등장한 동태조사 '了'는 결과보어 뒤로 뿅!

그럼 결과보어의 부정형은 어떻게 만들더라? 부사 '没(有)'를 써서 '没(有)+동사+결과보어'의 형식으로 쓰면 돼. 만약 문장에 '了'가 있다면? 두말할 것 없이 없애 주는 센스가 필요하지. 그러니까 '看完了'의 부정형은 '没(有)看完'이 된다는 말씀!

3과에서는 같은 듯 다른 부사 '又 yòu'와 '再 zài'에 대해서도 배웠어. 둘 다 '또', '다시'라는 뜻이지만 '又'는 과거에 이미 했던 동작이 중복하여 발생했을 때 쓰고, '再'는 어떤 일이 미래에 다시 발생할 때 쓴다는 차이가 있어.

전화번호를 읽을 때는 숫자를 하나씩 읽어야 하는데, 특히 1은 'yī'가 아니라 'yāo'로 읽어야 한다는 것에 꼭 주의하자고!

알아야 할 것, 외울 것은 왜 이리도 많은지……
역시 고수(高手)가 되는 길은 멀고도 험하구나~

즉문즉답

Q 선생님, 결과보어 '完'과 '好'는 어떻게 다른가요?

A 모두 '완료하다'라는 뜻이지만 미묘한 차이가 있지요.

예리한 질문이군요! '完'에는 어떤 일을 완료했다는 뜻이 들어 있고, '好'에는 어떤 일을 '잘' 마무리했다는 뜻이 들어 있지요. 같은 동사가 쓰였어도 어떤 결과보어를 쓰느냐에 따라 문장의 뜻이 조금씩 달라지기 때문에, 결과보어로 쓰이는 동사와 형용사의 뜻을 잘 알아두면 도움이 많이 된답니다.

他写完了。Tā xiěwán le. 그는 다 썼어요.
他写好了。Tā xiěhǎo le. 그는 잘 썼어요. (다 썼다는 뜻 포함)

차근차근 실력 확인

1 잘 듣고 그림과 녹음 내용이 일치하면 O표, 일치하지 않으면 X표를 해 보세요. 🎧 03-05

①
( )

②
( )

③
( )

④
( )

2 아래 단어의 한어병음과 뜻을 해당하는 번호의 빈칸에 알맞게 써 보세요.

| ① 图书馆 | ② 对不起 | ③ 喂 | ④ 错 |
| ⑤ 厉害 | ⑥ 晚 | ⑦ 迟到 | ⑧ 堵车 |

❶ 한어병음 _____ 뜻 _____ ❷ 한어병음 _____ 뜻 _____

❸ 한어병음 _____ 뜻 _____ ❹ 한어병음 _____ 뜻 _____

❺ 한어병음 _____ 뜻 _____ ❻ 한어병음 _____ 뜻 _____

❼ 한어병음 _____ 뜻 _____ ❽ 한어병음 _____ 뜻 _____

3 대화가 완성될 수 있도록 문장을 알맞게 연결해 보세요.

① 对不起，我来晚了。　　　　　　　A 不是，你看错人了吧。
　　Duìbuqǐ, wǒ láiwǎn le.　　　　　　　　Bú shì, nǐ kàncuò rén le ba.

② 请问，您是不是韩老师？　　　　　B 不是，您打错了。
　　Qǐngwèn, nín shì bu shì Hán lǎoshī?　　Bú shì, nín dǎcuò le.

③ 您找谁？　　　　　　　　　　　　C 我找小张。
　　Nín zhǎo shéi?　　　　　　　　　　　　Wǒ zhǎo Xiǎo Zhāng.

④ 这是朗朗的手机吗？　　　　　　　D 你怎么又迟到了？
　　Zhè shì Lǎng Lǎng de shǒujī ma?　　　　Nǐ zěnme yòu chídào le?

4 주어진 단어를 어순에 맞게 배열하고, 문장 전체를 해석해 보세요.

① 您打错了, 这 他 不 手机 是 的

　　문장 : _____。

　　뜻 : _____.

② 路上 得 堵车 厉害 堵

　　문장 : _____。

　　뜻 : _____.

③ 仁寺洞 我 昨天 在 你 看见 了

　　문장 : _____。

　　뜻 : _____.

④ 我 呢 在 书 图书馆 看

　　문장 : _____。

　　뜻 : _____.

발음·성조 클리닉

📋 잰말놀이를 통해 발음과 성조를 연습해 보세요. 🎧 03-06

1 잰말놀이 연습

Hēi huàféi fā huī, huī huàféi fā hēi,
hēi huàféi fā hēi bù fā huī, huī huàféi fā huī bù fā hēi.

黑化肥发灰，灰化肥发黑，
黑化肥发黑不发灰，灰化肥发灰不发黑。

2 잰말놀이 연습

Língling mǎilai yán, yòng shé tiǎn yi tiǎn.
Shì xián bú shì tián, shì tián bú shì yán.
Shì xián cái shì yán.

玲玲买来盐，用舌舔一舔。
是咸不是甜，是甜不是盐。是咸才是盐。

3 잰말놀이 연습

Lán jiàoliàn shì nǚ jiàoliàn, Lǚ jiàoliàn shì nán jiàoliàn,
Lán jiàoliàn bú shì nán jiàoliàn, Lǚ jiàoliàn bú shì nǚ jiàoliàn.

蓝教练是女教练，吕教练是男教练，
蓝教练不是男教练，吕教练不是女教练。

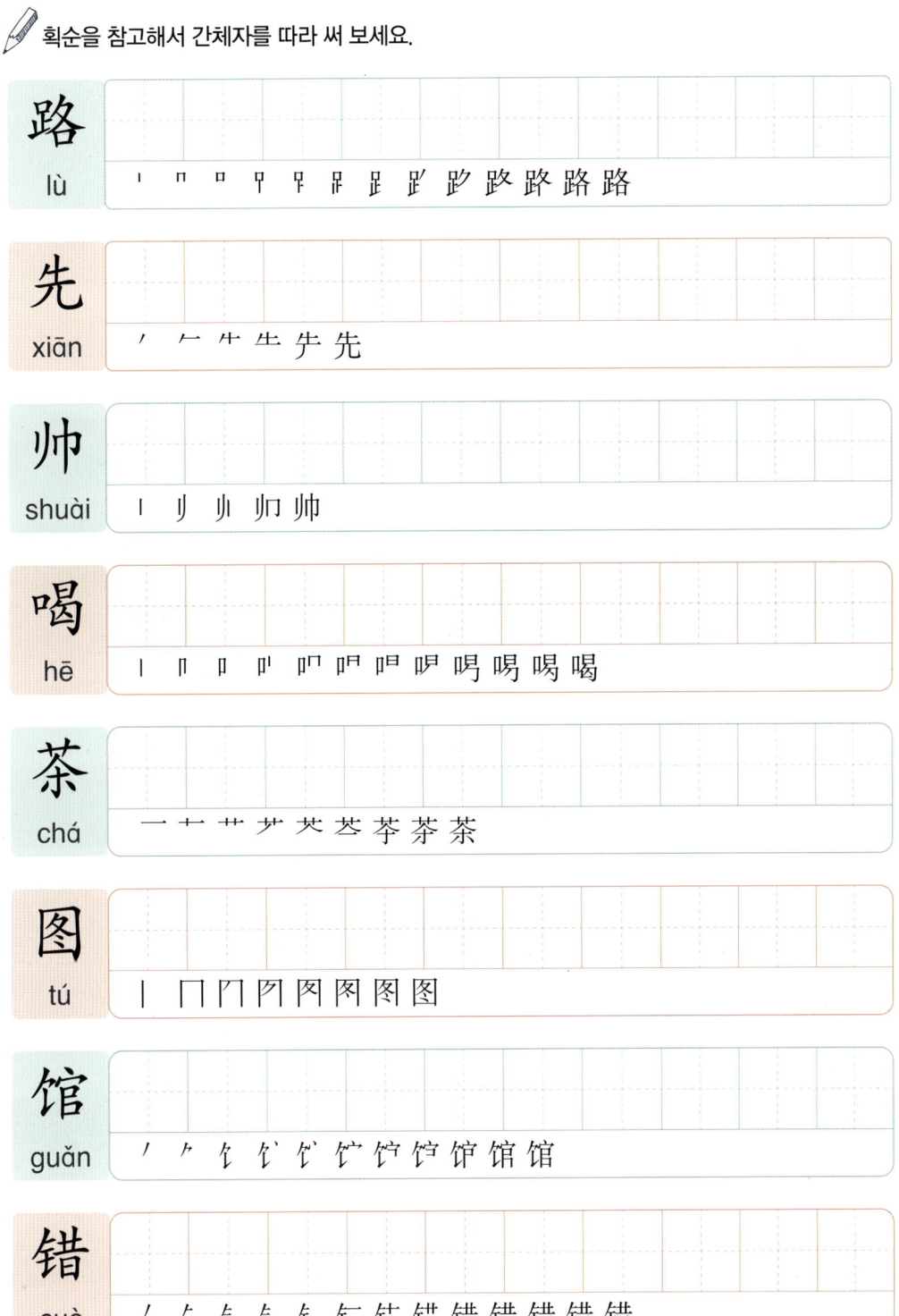

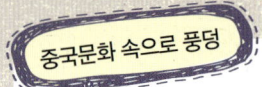

중국 요리 기행 ③

 장쑤 요리 (苏菜 Sūcài)

장쑤 성(江苏省 Jiāngsūshěng)의 요리인 장쑤 요리는 비옥한 땅에서 나는 농산물과 풍부한 해산물을 사용하고 특히 민물고기를 많이 사용한다. 푹 삶고, 졸이고, 찌고, 볶는 조리법이 발달하여 식재료가 부드럽게 될 때까지 조리한다. 장쑤 요리는 담백하면서 단맛이 나고 느끼하지 않은 것이 특징이며, 원재료에서 우러난 맛을 중시하고 제철 식자재를 이용해 접시를 장식하는 데 정성을 많이 쏟는다. 난징(南京 Nánjīng)과 쑤저우(苏州 Sūzhōu)의 요리가 대표적인데, 난징은 소금에 절인 오리 요리와 민물 새우 요리가 유명하고, 쑤저우는 민물고기 요리가 유명하다.

盐水鸭 yánshuǐyā

糖醋排骨 tángcùpáigǔ

清炖蟹粉狮子头 qīngdùnxièfěnshīzitóu

 저장 요리 (浙菜 Zhècài)

저장 요리는 크게 항저우(杭州 Hángzhōu), 샤오싱(绍兴 Shàoxīng), 닝보(宁波 Níngbō), 원저우(温州 Wēnzhōu)의 요리로 나눌 수 있다. 볶고, 찌고, 튀기는 조리법을 많이 사용하며, 부드럽고 담백한 맛을 내는 것이 특징이다. 저장 요리는 생선과 새우를 많이 사용하는데, 풍부한 해산물과 영양가 높은 산나물로 만든 요리들이 미식가들의 입맛을 사로잡는다. 특히 해산물의 고향이라 일컬어지는 닝보 지역의 요리는 다른 지역에서 보기 힘든 다양한 재료를 사용한다고 하여 '산해진미(山珍海味 shānzhēnhǎiwèi)'라고 불리기도 한다.

东坡肉 dōngpōròu

西湖醋鱼 xīhúcùyú

龙井虾仁 lóngjǐngxiārén

04

我见过他几次。
Wǒ jiànguo tā jǐ cì.

나는 그를 몇 번 만난 적이 있어요.

학습 포인트

- 동태조사 '过'의 용법 익히기
- 동량사와 동량보어 이해하기
- 동사 '听说' 활용하기

 나의 회화 수첩

 사람은 겪어 봐야 알지 🎧 04-01

金泰山　你见过王总吗?
　　　　Nǐ jiànguo Wáng zǒng ma?

白部长　我去年见过他几次。
　　　　Wǒ qùnián jiànguo tā jǐ cì.

金泰山　他人怎么样?
　　　　Tā rén zěnmeyàng?

白部长　他很热情、平易近人。
　　　　Tā hěn rèqíng, píngyìjìnrén.

过 guo 조 ~한 적이 있다 [동사 뒤에서 과거의 경험을 나타냄] | 王 Wáng 명 왕 [성씨] | 次 cì 양 차례, 번 | 热情 rèqíng 형 열정적이다, 다정하다 | 平易近人 píngyìjìnrén 성 붙임성이 좋다, 사귀기 쉽다 ●白部长 Bái bùzhǎng 백 부장

 의리에 살고 의리에 죽고 🎧 04-02

张金喜　老公, 你去哪儿?
　　　　Lǎogōng, nǐ qù nǎr?

金泰山　我得去趟新罗医院。
　　　　Wǒ děi qù tàng Xīnluó yīyuàn.

张金喜　谁住院了?
　　　　Shéi zhùyuàn le?

金泰山　李总住院了。
　　　　Lǐ zǒng zhùyuàn le.

张金喜　那你快去看看吧。小心开车!
　　　　Nà nǐ kuài qù kànkan ba. Xiǎoxīn kāichē!

趟 tàng 양 차례, 번 | 住院 zhùyuàn 동 입원하다 ↔ 出院 chūyuàn 퇴원하다 | 小心 xiǎoxīn 동 조심하다 | 开车 kāichē 동 운전하다 ●新罗 Xīnluó 신라

 하늘엔 천당, 땅엔 쑤저우와 항저우　🎧 04-03

民俊　**你去过杭州西湖吗？**
　　　Nǐ qùguo Hángzhōu Xīhú ma?

松怡　**我去过两次。**
　　　Wǒ qùguo liǎng cì.

民俊　**那苏州呢？**
　　　Nà Sūzhōu ne?

松怡　**我还没去过呢。**
　　　Wǒ hái méi qùguo ne.

民俊　**苏州的园林特别美。**
　　　Sūzhōu de yuánlín tèbié měi.

松怡　**我也听说过。**
　　　Wǒ yě tīngshuōguo.

民俊　**俗话说，上有天堂，下有苏杭嘛。**
　　　Súhuà shuō, shàng yǒu tiāntáng, xià yǒu Sūháng ma.

松怡　**你这么说，我真想去看看。**
　　　Nǐ zhème shuō, wǒ zhēn xiǎng qù kànkan.

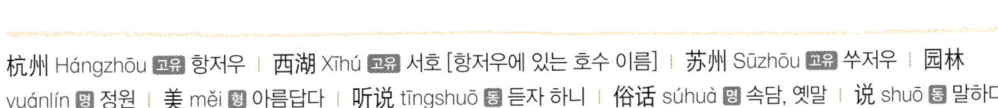

杭州 Hángzhōu 고유 항저우 ｜ 西湖 Xīhú 고유 서호 [항저우에 있는 호수 이름] ｜ 苏州 Sūzhōu 고유 쑤저우 ｜ 园林 yuánlín 명 정원 ｜ 美 měi 형 아름답다 ｜ 听说 tīngshuō 동 듣자 하니 ｜ 俗话 súhuà 명 속담, 옛말 ｜ 说 shuō 동 말하다 ｜ 天堂 tiāntáng 명 천국, 천당 ｜ 嘛 ma 조 문장 끝에 쓰여 당연하다는 뜻을 나타냄

어법 노하우 대공개

동태조사 '过'

동태조사 '过'는 '~한 적이 있다'라는 뜻으로, 과거의 경험을 나타낸다.

① 주요 용법

'过'는 동사나 형용사의 뒤에 쓰이며, 시간을 나타내는 부사 '曾经 céngjīng'이나 시간명사 '以前 yǐqián' 등과 자주 함께 사용된다.

[동사+过+목적어]

我学过汉语。
Wǒ xuéguo Hànyǔ.
저는 중국어를 배운 적이 있어요.

我以前去过香港。
Wǒ yǐqián qùguo Xiānggǎng.
나는 예전에 홍콩에 가 봤어.

[형용사+过]

爸爸也曾经年轻过。 아빠도 한때는 젊었었단다.
Bàba yě céngjīng niánqīngguo.

② 부정형

동태조사 '过'가 쓰인 문장을 부정형으로 만들 때는 동사 앞에 '没(有)'를 사용한다. '从来没(有)'를 쓰면 부정의 의미를 더욱 강조할 수 있다.

我没见过她。
Wǒ méi jiànguo tā.
저는 그녀를 만난 적이 없어요.

我从来没想过和他分手。
Wǒ cónglái méi xiǎngguo hé tā fēnshǒu.
난 한 번도 그와 헤어지리라 생각해 본 적이 없어.

③ 주의사항

습관적이고 반복적인 동작을 표현할 때는 '过'를 쓰지 않는다.

我常常去公园。 나는 자주 공원에 가요.
Wǒ chángcháng qù gōngyuán.

연동문에 쓸 경우 '过'는 두 번째 동사 뒤에 위치한다.

我去中国学过汉语。 나는 중국에 가서 중국어를 배운 적이 있어요.
Wǒ qù Zhōngguó xuéguo Hànyǔ.

동량사

동량사는 동작의 횟수를 나타내는 양사이며, 수사와 결합하여 동사 뒤에서 보어로 쓰인다.

次 cì	일반적인 동작의 횟수를 나타냄	来过一次。 한 번 와 봤어요. Láiguo yí cì.
趟 tàng	오가는 왕복의 횟수를 나타냄	去一趟上海吧。 상하이에 한 번 다녀오세요. Qù yí tàng Shànghǎi ba.
遍 biàn	처음부터 끝까지 행해진 동작의 횟수를 나타냄	看了三遍。 세 번 보았어요. Kànle sān biàn.
顿 dùn	끼니, 맞거나 욕을 먹은 횟수 등을 나타낼 때 자주 쓰임	吃了一顿。 한 끼 먹었어요. Chīle yí dùn.
下 xià	짧은 시간 동안 일어나는 가벼운 동작의 횟수를 나타내며, '一下' 형태로 쓰여 '~해 보다'라는 시도를 나타냄	敲了两下。 Qiāole liǎng xià. 두 번 두드렸어요. 看一下。 Kàn yíxià. 좀 보세요.

동량보어

동작의 횟수를 나타내는 보어로, 동사 뒤에서 '수사+동량사'의 형식으로 쓰인다. 목적어에 따라 동량보어의 위치가 달라지는 것에 주의한다.

[동사+동량보어]

他去过一次。
Tā qùguo yí cì.
그는 한 번 가 봤어요.

[동사+인칭대명사 목적어+동량보어]

我见过他几次。
Wǒ jiànguo tā jǐ cì.
저는 그를 몇 번 만난 적이 있어요.

> 알아두자! 목적어가 인칭대명사일 경우, 동량보어는 반드시 목적어의 뒤에 위치한다.

[동사+동량보어+명사 목적어]

我昨天打了两次电话。
Wǒ zuótiān dǎle liǎng cì diànhuà.
저는 어제 전화를 두 번 걸었어요.

我去过三次上海。
Wǒ qùguo sān cì Shànghǎi.
나는 상하이에 세 번 가 봤어요.

听说

'听说'는 다른 사람으로부터 들은 어떤 소식을 제 3자에게 전달할 때 사용하는 표현으로, 보통 문장 앞에 위치한다.

听说，他中奖了。
Tīngshuō, tā zhòngjiǎng le.
듣자 하니 그가 복권에 당첨됐대요.

听部长说，工资要涨了。
Tīng bùzhǎng shuō, gōngzī yào zhǎng le.
부장님이 그러시는데 급여가 오를 거래요.

> 알아두자! '听我说! Tīng wǒ shuō!'는 '내 말 좀 들어 봐'라는 뜻으로, '我'가 쓰일 경우에는 명령이나 권유의 뜻이 된다.

새 단어

曾经 céngjīng 분 일찍이 | 以前 yǐqián 명 이전 | 香港 Xiānggǎng 고유 홍콩 | 年轻 niánqīng 형 젊다 | 从来 cónglái 분 이제까지, 여태껏 | 分手 fēnshǒu 통 이별하다 | 公园 gōngyuán 명 공원 | 敲 qiāo 통 두드리다 | 中奖 zhòngjiǎng 통 (복권 등에) 당첨되다 | 工资 gōngzī 명 급여 | 涨 zhǎng 통 (급여, 물가 등이) 오르다

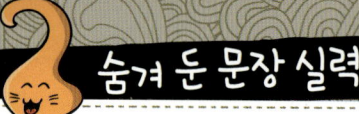

▶ 바꿔서 말해 보고, 이를 활용해 대화를 나눠 보세요. 🎧 04-04

하나 你见过王总吗?
　　　　张老师
　　　　总统
　　　　成龙

> 실력 up!
> A 你见过王总吗?
> B 我没见过他。

张老师 Zhāng lǎoshī 장 선생님 | 总统 zǒngtǒng 대통령 | 成龙 Chéng Lóng 청룽 [중국 배우]

둘 我得去趟新罗医院。
　　　　学校
　　　　公司
　　　　天津

> 실력 up!
> A 你去哪儿?
> B 我得去趟新罗医院。

学校 xuéxiào 학교 | 公司 gōngsī 회사 | 天津 Tiānjīn 톈진

셋 你去过中国吗?
　　　看　中国电影
　　　吃　月饼
　　　学　英语

> 실력 up!
> A 你去过中国吗?
> B 我还没去过呢。

中国电影 Zhōngguó diànyǐng 중국 영화 | 月饼 yuèbǐng 월병 | 英语 Yīngyǔ 영어

단어 플러스

병원과 관련된 용어

挂号 guàhào 접수하다 | 看病 kànbìng 진찰하다, 진찰 받다 | 开药 kāi yào 약을 처방하다 | 做手术 zuò shǒushù 수술을 하다 | 打针 dǎzhēn 주사를 놓다, 주사를 맞다 | 住院 zhùyuàn 입원하다 | 出院 chūyuàn 퇴원하다

나만의 복습 다이어리

오늘은 동태조사 '过 guo', 동량사, 동량보어에 대해 공부했어.
'过'는 과거에 어떤 일을 한 적이 있다는 경험을 나타낼 때 사용하는데, 문장에 과거를 나타내는 '曾经 céngjīng', '以前 yǐqián'과 같은 단어가 함께 등장할 수 있어.

'한 번 간 적이 있다.', '한 끼 먹었다.'에서 '번'과 '끼'에 해당하는 것이 바로 동량사야. 동량사는 수사와 결합하여 동작의 횟수를 나타내는데, 이것이 바로 동량보어로 쓰인다는 말씀! 동량보어로 많이 쓰이는 동량사로는 '次 cì', '顿 dùn', '趟 tàng', '遍 biàn', '下 xià'가 있는데, 각각 의미와 용법이 다르니까 확실히 알고 넘어가야 해. 그럼 동태조사 '过'와 동량보어를 모두 사용한 예문을 한번 만들어 볼까?

🚩 나는 중국에 두 번 가봤어요. 我去过两次中国。 Wǒ qùguo liǎng cì Zhōngguó.

그리고 동량보어에서 꼭 기억해야 할 게 있는데, 목적어에 따라 위치가 달라진다는 거야. 일반명사가 목적어일 경우 동량보어는 목적어의 앞에 위치하지만, 인칭대명사가 목적어일 경우에는 반드시 목적어의 뒤에 위치한다는 거지. ✨ 그럼 인칭대명사를 목적어로 쓴 예를 한번 들어 볼까?

나는 이전에 그를 한 번 만난 적이 있어요. 我以前见过他一次。 Wǒ yǐqián jiànguo tā yí cì.

다른 사람에게 어떤 이야기를 들었을 때는 '听说 tīngshuō'라는 단어를 쓸 수 있는데, 누구에게 들은 건지 콕! 집어 말하고 싶다면 '听'과 '说'를 분리하면 돼. 그러니까 '언니한테 들었는데~'라고 하려면 '听姐姐说'라고 하면 되는 거지.

정도보어, 결과보어에 이어 동량보어까지 벌써 보어를 세 개나 배웠네! 보어를 다 배우고 나면 나의 중국어 표현 능력도 그만큼 화려해지겠지. 그날을 기다리며 오늘도 열공!!

즉문즉답

Q 선생님, '我见过一次他。'라고 하면 틀린 문장인가요?

A 네. 위의 문장에는 오류가 있습니다.

동량보어를 쓰는 문장에 인칭대명사 목적어가 등장하면 동량보어는 반드시 목적어 뒤에 위치해야 합니다. 그러니까 위의 예문은 아래와 같이 써 주는 것이 정확하겠지요.

我见过他一次。 나는 그를 한 번 만난 적이 있어요.
Wǒ jiànguo tā yí cì.

차근차근 실력 확인

1 잘 듣고 그림과 녹음 내용이 일치하면 O표, 일치하지 않으면 X표를 해 보세요. 🎧 04-05

❶ ( ) ❷ ( )

❸ ( ) ❹ ( )

2 아래 단어의 한어병음과 뜻을 해당하는 번호의 빈칸에 알맞게 써 보세요.

| ① 热情 | ② 听说 | ③ 平易近人 | ④ 俗话 |
| ⑤ 住院 | ⑥ 天堂 | ⑦ 园林 | ⑧ 小心 |

❶ 한어병음 _____ 뜻 _____   ❷ 한어병음 _____ 뜻 _____

❸ 한어병음 _____ 뜻 _____   ❹ 한어병음 _____ 뜻 _____

❺ 한어병음 _____ 뜻 _____   ❻ 한어병음 _____ 뜻 _____

❼ 한어병음 _____ 뜻 _____   ❽ 한어병음 _____ 뜻 _____

3 대화가 완성될 수 있도록 문장을 알맞게 연결해 보세요.

❶ 你见过王总吗?
Nǐ jiànguo Wáng zǒng ma?

❷ 听说，苏州的园林特别美。
Tīngshuō, Sūzhōu de yuánlín tèbié měi.

❸ 你去过杭州西湖吗?
Nǐ qùguo Hángzhōu Xīhú ma?

❹ 谁住院了?
Shéi zhùyuàn le?

A 我去过两次。
Wǒ qùguo liǎng cì.

B 李总住院了。
Lǐ zǒng zhùyuàn le.

C 我见过他几次。
Wǒ jiànguo tā jǐ cì.

D 我也听说过。
Wǒ yě tīngshuōguo.

4 주어진 단어를 어순에 맞게 배열하고, 문장 전체를 해석해 보세요.

❶ 我 去 还 呢 没 过

문장 : _____ 。

뜻 : _____ .

❷ 我 新罗医院 去 得 趟

문장 : _____ 。

뜻 : _____ .

❸ 日语 我 没 过 学 从来

문장 : _____ 。

뜻 : _____ .

❹ 那 你 吧 快 看看 去

문장 : _____ 。

뜻 : _____ .

발음・성조 클리닉

중국 고전을 읽으며 발음과 성조를 연습해 보세요. 🎧 04-06

1 《신오대사・진서(新五代史・晋书 Xīnwǔdàishǐ Jìnshū)》

Jī bù kě shī, shí bú zài lái.

机不可失，时不再来。
기회를 놓치지 마라, 때는 다시 오지 않는다.

2 《노자・도덕경(老子・道德经 Lǎozǐ Dàodéjīng)》

Qiānlǐ zhī xíng, shǐyú zú xià.

千里之行，始于足下。
천리 길도 한 걸음부터.

3 《논어(论语 Lúnyǔ)》

Zhī zhī wéi zhī zhī, bù zhī wéi bù zhī, shì zhī yě.

知之为知之，不知为不知，是知也。
알면 안다고 하고 모르면 모른다고 하는 것이 진정 아는 것이다.

4 《전국(战国 Zhànguó)》

Shì wèi zhī jǐ zhě sǐ, nǚ wèi yuè jǐ zhě róng.

士为知己者死，女为悦己者容。
군자는 자신을 알아 주는 이를 위해 죽고,
여인은 자신을 사랑해 주는 이를 위해 화장을 한다.

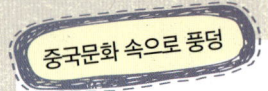

중국의 5대 명산

중국의 5대 명산은 동쪽의 태산(泰山 Tàishān), 서쪽의 화산(华山 Huàshān), 북쪽의 항산(恒山 Héngshān), 중부의 숭산(嵩山 Sōngshān), 남쪽의 형산(衡山 Héngshān)으로, 이들을 통틀어 오악(五岳 Wǔ Yuè)이라 부른다. 오악은 봉건 시대의 제왕들이 수명어천(受命于天), 즉 천명을 받아 왕위에 오르고 하늘에 제사를 지내던 곳으로, 중원 통치의 상징이었다. '태산은 앉아 있는 것 같고(泰山如坐), 화산은 서 있는 것 같으며(华山如立), 형산은 나는 듯하고(衡山如飞), 숭산은 누워 있는 듯하며(嵩山如卧), 항산은 걷고 있는 듯하다(恒山如行).'는 말로 오악을 묘사하기도 한다.

태산은 1,545미터에 이르는 산으로, 오악 중 동악(东岳 dōng yuè)이다. 기원전 219년 진(秦)나라 시황제를 시작으로 많은 황제가 이곳에서 제사를 지냈다. 1987년 세계 자연 유산에 등재된 명산으로, 산 정상의 일출과 석양이 아름답기로 유명하다.

화산은 2,155미터에 이르는 산으로, 오악 중 서악(西岳 xī yuè)이다. 화산(华山)이라는 이름은 산봉우리가 연꽃 형상을 하고 있다는 데서 유래했다고 한다. 고대에는 '华'자가 '花(huā 꽃)'자와 통용되었다.

항산은 2,016미터에 이르는 산으로, 4천 년 전 원(元)나라 순제(舜帝 Shùndì)가 유람을 하던 중 이곳의 산세가 기이한 것을 보고 북악(北岳 běi yuè)이라 봉했다고 전해진다.

숭산은 1,512미터에 이르는 산으로, 오악 중 중악(中岳 zhōng yuè)이다. 신비로운 봉우리와 사찰이 많아 '위에는 72봉이 있고, 아래에는 72개의 사찰이 있다.(上有七十二峰，下有七十二寺。Shàng yǒu qīshí'èr fēng, xià yǒu qīshí'èr sì.)'는 말이 있을 정도이다.

형산은 1,300미터에 이르는 산으로, 오악 중 남악(南岳 nán yuè)이다. 형산은 풍광이 매우 수려하며 축융(祝融 Zhùróng), 천주(天柱 Tiānzhù), 부용(芙蓉 Fúróng), 자개(紫盖 Zǐgài), 석품(石禀 Shíbǐng)의 다섯 개 봉우리가 유명하다.

05

我在中国住了三年。
Wǒ zài Zhōngguó zhùle sān nián.

나는 중국에서 3년 동안 살았어.

학습 포인트

- 시량보어의 용법 익히기
- 비지속동사 이해하기
- '刚'과 '刚才'의 차이점 알기

나의 회화 수첩

상황 ❶ 내가 중국어를 잘하는 이유? 🎧 05-01

松怡 你在中国住了几年?
Nǐ zài Zhōngguó zhùle jǐ nián?

民俊 我在中国住了三年。
Wǒ zài Zhōngguó zhùle sān nián.

松怡 是吗？怪不得你汉语说得这么好。
Shì ma? Guàibude nǐ Hànyǔ shuō de zhème hǎo.

住 zhù 통 살다, 머물다 | 怪不得 guàibude 부 과연, 어쩐지

 상황 ❷ 태극권의 고수로 가는 길 🎧 05-02

乐天 听说，你是太极拳高手。
Tīngshuō, nǐ shì tàijíquán gāoshǒu.

民俊 哪儿啊！
Nǎr a!

乐天 哥，你每天练几个小时？
Gē, nǐ měitiān liàn jǐ ge xiǎoshí?

民俊 我每天都练一个小时。
Wǒ měitiān dōu liàn yí ge xiǎoshí.

太极拳 tàijíquán 명 태극권 | 高手 gāoshǒu 명 고수 | 哪儿啊 nǎr a 결코 아니다 [상대방의 말처럼 그렇지 않다는 뜻을 나타냄] | 每天 měitiān 명 매일 | 练 liàn 통 연습하다 | 小时 xiǎoshí 명 시간 ▶钟头 zhōngtóu 시간

 5년을 못 봐도 어제 만난 듯 🎧 05-03

张金喜 **你等我等了半天了吧?**
Nǐ děng wǒ děngle bàntiān le ba?

同 学 **没有，我也刚到。**
Méiyou, wǒ yě gāng dào.

张金喜 **我们五年没见了吧，是不是?**
Wǒmen wǔ nián méi jiàn le ba, shì bu shì?

同 学 **是啊，时间过得真快。**
Shì a, shíjiān guò de zhēn kuài.

张金喜 **你来韩国多长时间了?**
Nǐ lái Hánguó duō cháng shíjiān le?

同 学 **一个星期了。**
Yí ge xīngqī le.

张金喜 **你打算什么时候回美国啊?**
Nǐ dǎsuan shénme shíhou huí Měiguó a?

同 学 **我打算过完春节再回去。**
Wǒ dǎsuan guòwán Chūn Jié zài huíqu.

半天 bàntiān 수량 한참, 한나절 | 刚 gāng 부 방금, 막 | 过 guò 동 지나다, 경과하다 | 多 duō 대 얼마나 | 长 cháng 형 길다 | 打算 dǎsuan 동 ~할 계획이다 | 回 huí 동 되돌아가다 | 美国 Měiguó 고유 미국 | 春节 Chūn Jié 고유 설, 음력 정월 초하루 | 回去 huíqu 동 돌아가다

어법 노하우 대 공개

> **시량보어**

시량보어는 동작이나 상태가 얼마나 지속되었는지를 나타내는 보어이다.

① 주요 용법

시량보어는 동사 뒤에 사용되어 '~동안 ~했다'라는 뜻을 나타낸다. '수사+(양사)+시간명사'의 형식으로 쓰이며, 시간명사로는 '小时', '天', '星期', '月', '年' 등이 있다. 동사 뒤에 동작의 완료를 나타내는 동태조사 '了'가 동반된다.

[동사+了+시량보어]

我工作了八个小时。 저는 8시간 동안 일을 했어요.
Wǒ gōngzuòle bā ge xiǎoshí.

> **알아두자!** '小时' 대신 '钟头 zhōngtóu'를 쓸 수 있다. '钟头'는 반드시 앞에 양사 '个 ge'를 동반해야 하지만, '小时' 앞의 '个'는 생략 가능하다.

② 시량보어와 목적어

동사 뒤에 목적어가 동반되면 일반적으로 다음과 같은 형식으로 쓴다.

[동사+목적어+동사+了+시량보어]

她学汉语学了一年。
Tā xué Hànyǔ xuéle yì nián.
그녀는 1년 동안 중국어를 배웠어요.

他游泳游了一个小时。
Tā yóuyǒng yóule yí ge xiǎoshí.
그는 한 시간 동안 수영을 했어요.

> **알아두자!** 이합사의 경우, 이합사의 동사 부분과 목적어 부분을 분리하여 동사 부분을 한 번 더 쓴다.

목적어가 인칭대명사일 경우, 시량보어는 반드시 목적어 뒤에 위치한다.

[동사+了+인칭대명사 목적어+시량보어]

我等了你半个小时。 나는 너를 30분 동안 기다렸어.
Wǒ děngle nǐ bàn ge xiǎoshí.

목적어가 일반명사일 경우, 시량보어는 동사와 목적어 사이에 올 수 있으며 이때 보어와 목적어 사이에 '的'를 쓸 수 있다.

[동사+了+시량보어+(的)+일반명사 목적어]

她学了一年的汉语。
Tā xuéle yì nián de Hànyǔ.
그녀는 1년 동안 중국어를 배웠어요.

我坐了两个小时的飞机。
Wǒ zuòle liǎng ge xiǎoshí de fēijī.
나는 비행기를 두 시간 동안 탔어요.

③ 시량보어와 어기조사 '了'

문장 끝에 어기조사 '了'를 써서 어떤 동작이 과거 시점부터 시작해 지금까지 지속되고 있음을 나타낼 수 있다.

他游泳游了一个小时了。 그는 한 시간째 수영하는 중이에요.
Tā yóuyǒng yóule yí ge xiǎoshí le.

④ **비지속동사와 시량보어**

비지속동사는 '看(kàn 보다)', '等(děng 기다리다)'처럼 동작이 계속되는 것이 아니라, 어떤 한 시점에 동작이 발생하고 바로 종료되어 그 결과가 유지되는 동사를 말한다. 비지속동사가 시량보어와 같이 쓰이면 '~한 지 (얼마나) 되었다'라는 뜻을 나타낸다. 대표적인 비지속동사는 다음과 같다.

来 lái 오다 | 去 qù 가다 | 死 sǐ 죽다 | 毕业 bìyè 졸업하다 | 结婚 jiéhūn 결혼하다

她来韩国半年了。 그녀는 한국에 온 지 반년 되었어요.
Tā lái Hánguó bàn nián le.

爷爷死了两年了。 할아버지께서 돌아가신 지 2년이 되었어요.
Yéye sǐle liǎng nián le.

> **알아두자!** 1음절 비지속동사 뒤에 목적어가 없을 경우, 목적어 위치에 '了'를 쓴다.

我大学毕业快十年了。 저는 대학을 졸업한 지 거의 10년이 되었어요.
Wǒ dàxué bìyè kuài shí nián le.

⑤ **주의사항**

규칙적으로 일어나는 동작이나 미래에 일어날 동작을 표현하는 문장에는 조사 '了'를 쓰지 않는다.

我每天学习三个小时。
Wǒ měitiān xuéxí sān ge xiǎoshí.
나는 매일 3시간 동안 공부해요.

我们要坐十个小时的飞机。
Wǒmen yào zuò shí ge xiǎoshí de fēijī.
우리는 비행기를 10시간 동안 타야 해요.

이합사에 시량보어를 쓸 경우 동사와 목적어 성분을 분리하지 않고 이합사 뒤에 바로 쓸 수도 있다.

我每天跑步一个小时。 나는 매일 한 시간씩 뛰어요.
Wǒ měitiān pǎobù yí ge xiǎoshí.

= 我每天跑一个小时步。
　Wǒ měitiān pǎo yí ge xiǎoshí bù.

刚 vs 刚才

刚	刚才
'방금', '막'이라는 뜻의 부사로, 주어 뒤에 위치하며 부정부사와 함께 쓰일 수 없다. '刚刚'으로 쓰여 시간이 더 촉박함을 나타낼 수 있다.	'방금', '지금 막'이라는 뜻의 명사로, 주어 앞뒤 모두에 위치할 수 있다. 부정부사와 함께 부정문에 사용 가능하다.
他刚到。 Tā gāng dào. 그는 방금 도착했어요. 客人刚刚走。 Kèrén gānggāng zǒu. 손님이 막 가셨어요.	刚才你去哪儿了? Gāngcái nǐ qù nǎr le? 방금 전에 너 어디 갔었니? 你刚才怎么不吃? Nǐ gāngcái zěnme bù chī? 너 방금 전에 왜 안 먹었어?

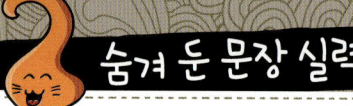

숨겨 둔 문장 실력

▶ 바꿔서 말해 보고, 이를 활용해 대화를 나눠 보세요. 🎧 05-04

하나 我在中国住了三年。

美国　学　五年
海边　游　一个小时
公园　玩　两个小时

실력 up!
A 你在中国住了多长时间?
B 我在中国住了三年。

五年 wǔ nián 5년 | 海边 hǎibian 해변 | 游 yóu 수영하다 | 一个小时 yí ge xiǎoshí 한 시간 | 公园 gōngyuán 공원 | 玩 wán 놀다 | 两个小时 liǎng ge xiǎoshí 두 시간

둘 我每天都练一个小时。

跑　　半个小时
复习　两个小时
睡　　八个小时

실력 up!
A 你每天练几个小时?
B 我每天都练一个小时。

跑 pǎo 달리다 | 半个小时 bàn ge xiǎoshí 30분 | 复习 fùxí 복습하다 | 睡 shuì 자다

셋 我们五年没见面了。

我　三天　　　吃饭
她　一个星期　写日记
他　一个月　　看电影

실력 up!
A 你们多长时间没见面了?
B 我们五年没见面了。

三天 sān tiān 3일 | 一个星期 yí ge xīngqī 일주일 | 写日记 xiě rìjì 일기를 쓰다 | 一个月 yí ge yuè 한 달 | 看电影 kàn diànyǐng 영화를 보다

단어 플러스

중국의 주요 명절과 기념일

春节 Chūn Jié 춘절, 설 [음력 1월 1일] | 元旦 Yuándàn 원단 [1월 1일] | 清明节 Qīngmíng Jié 한식 [4월 5일 전후] | 端午节 Duānwǔ Jié 단오절 [음력 5월 5일] | 中秋节 Zhōngqiū Jié 중추절 [음력 8월 15일] | 五一劳动节 Wǔ Yī Láodòng Jié 노동절 [5월 1일] | 十一国庆节 Shí Yī Guóqìng Jié 건국기념일 [10월 1일]

나만의 복습 다이어리

4번 타자 시량보어 등장이요~ 시량보어는 딱 봐도 '어떤 동작을 얼마 동안 했다'라는 뜻을 나타낼 때 사용된다고 유추할 수 있겠어. 시량보어에는 '小时', '钟头', '天', '星期', '月', '年'과 같은 시간명사가 사용되지. 역시나 시량보어도 동사 뒤에 위치하는데, 예를 들어 보자고~

 나는 중국에서 3년 동안 살았어. 我在中国住了三年。 Wǒ zài Zhōngguó zhùle sān nián.

잠깐! 3과에서 '了'는 결과보어 뒤에 위치했는데, 시량보어에서는 '了'가 동사 뒤에 붙는군. 나의 이 예리한 촉……

예전부터 하던 일을 지금까지 계속할 경우에는 문장 끝에 '了'를 한 번 더 써서 상황이 지속되고 있음을 나타낼 수 있어. 위의 예문을 살짝 한번 바꿔 볼까?

나는 3년째 중국에서 살고 있어. 我在中国住了三年了。 Wǒ zài Zhōngguó zhùle sān nián le.

비지속동사는 '死(sǐ 죽다)'처럼 동작이 일단 완료된 후 이 완료된 상태가 쭉~ 유지되는 동사를 말해. 비지속동사 뒤에 시량보어가 오면 '~한 지 (얼마나) 되었다'라는 뜻이 되지. 예를 들어 '나는 한국에 온 지 일주일이 되었어.'는 '我来韩国一个星期了。Wǒ lái Hánguó yí ge xīngqī le.'가 되는 거야.

마지막으로 '刚 gāng'과 '刚才 gāngcái'를 복습해 볼까? 이 두 단어는 '방금', '지금 막'이라는 뜻인데, 의미가 비슷해서 품사도 같지 않을까 오해할 수 있지. 하지만 '刚'은 부사이고 '刚才'는 명사라서 근본적으로 용법이 달라. 그러니까 두 단어의 차이를 잘 알아두자고.

에구, 눈꺼풀이 내려 앉는다~ 오늘은 여기까지!

즉문즉답

Q 선생님, '时间', '小时', '钟头' 모두 시간보어로 쓸 수 있나요?

A 아닙니다. 모두 '시간'이라는 뜻이지만 용법이 다릅니다.

세 단어 모두 명사이고 뜻도 같지만, '时间'은 시간보어로 쓸 수 없고 '小时'와 '钟头'는 시간보어로 사용될 수 있지요. 단, '小时' 앞의 양사 '个'는 생략될 수 있지만 '钟头' 앞에서는 생략될 수 없다는 것, 꼭 기억해 두세요!

我复习了一(个)小时。 Wǒ fùxíle yí (ge) xiǎoshí. 나는 한 시간 동안 복습했어.
= 我复习了一个钟头。 Wǒ fùxíle yí ge zhōngtóu.

차근차근 실력 확인

1 잘 듣고 그림과 녹음 내용이 일치하면 O표, 일치하지 않으면 X표를 해 보세요. 🎧 05-05

①

( )

②

( )

③

( )

④

( )

2 아래 단어의 한어병음과 뜻을 해당하는 번호의 빈칸에 알맞게 써 보세요.

| ① 住 | ② 刚 | ③ 怪不得 | ④ 练 |
| ⑤ 太极拳 | ⑥ 半天 | ⑦ 打算 | ⑧ 小时 |

❶ 한어병음 _____ 뜻 _____ ❷ 한어병음 _____ 뜻 _____

❸ 한어병음 _____ 뜻 _____ ❹ 한어병음 _____ 뜻 _____

❺ 한어병음 _____ 뜻 _____ ❻ 한어병음 _____ 뜻 _____

❼ 한어병음 _____ 뜻 _____ ❽ 한어병음 _____ 뜻 _____

3 대화가 완성될 수 있도록 문장을 알맞게 연결해 보세요.

① 你等我等了半天了吧?
Nǐ děng wǒ děngle bàntiān le ba?

② 听说，你是太极拳高手。
Tīngshuō, nǐ shì tàijíquán gāoshǒu.

③ 你来韩国多长时间了?
Nǐ lái Hánguó duō cháng shíjiān le?

④ 你每天练几个小时?
Nǐ měitiān liàn jǐ ge xiǎoshí?

A 哪儿啊!
Nǎr a!

B 一个星期了。
Yí ge xīngqī le.

C 我每天都练一个小时。
Wǒ měitiān dōu liàn yí ge xiǎoshí.

D 没有，我也刚到。
Méiyou, wǒ yě gāng dào.

4 주어진 단어를 어순에 맞게 배열하고, 문장 전체를 해석해 보세요.

① 我　三年　在　了　住　中国

문장 : _____。

뜻 : _____.

② 了　韩国　来　我　半年

문장 : _____。

뜻 : _____.

③ 我们　了　吧　见　五年　没

문장 : _____?

뜻 : _____?

④ 我　春节　再　打算　过完　回去

문장 : _____。

뜻 : _____.

발음·성조 클리닉

중국 영화 속 명대사를 읽으며 발음과 성조를 연습해 보세요. **05-06**

1 『무간도』(원제: 无间道 Wújiàndào)

Gěi wǒ yí ge jīhuì, wǒ xiǎng zuò hǎorén!

给我一个机会，我想做好人！
나한테 기회를 한 번 줘. 난 착한 사람이 되고 싶어!

2 『영웅본색』(원제: 英雄本色 Yīngxióngběnsè)

Yǒu xìnxīn bù yídìng huì chénggōng,
méi xìnxīn yídìng bú huì chénggōng.

有信心不一定会成功，没信心一定不会成功。
자신이 있다 해도 꼭 성공하리란 법이 없는데, 자신이 없으면 절대 성공 못 하지.

3 『동사서독』(원제: 东邪西毒 Dōngxiéxīdú)

Zuì liǎojiě nǐ de rén bú shì nǐ de péngyou, érshì nǐ de dírén.

最了解你的人不是你的朋友，而是你的敌人。
당신을 가장 잘 아는 사람은 당신의 친구가 아니라 당신의 적이지.

4 『2046 Èr Líng Sì Liù』

Àiqíng zhè dōngxi, shíjiān hěn guānjiàn.
Rènshi de tài zǎo huò tài wǎn, dōu bùxíng.

爱情这东西，时间很关键。认识的太早或太晚，都不行。
사랑은 말이야, 타이밍이 중요해.
너무 일찍 만나거나 너무 늦게 만나서도 안 된다고.

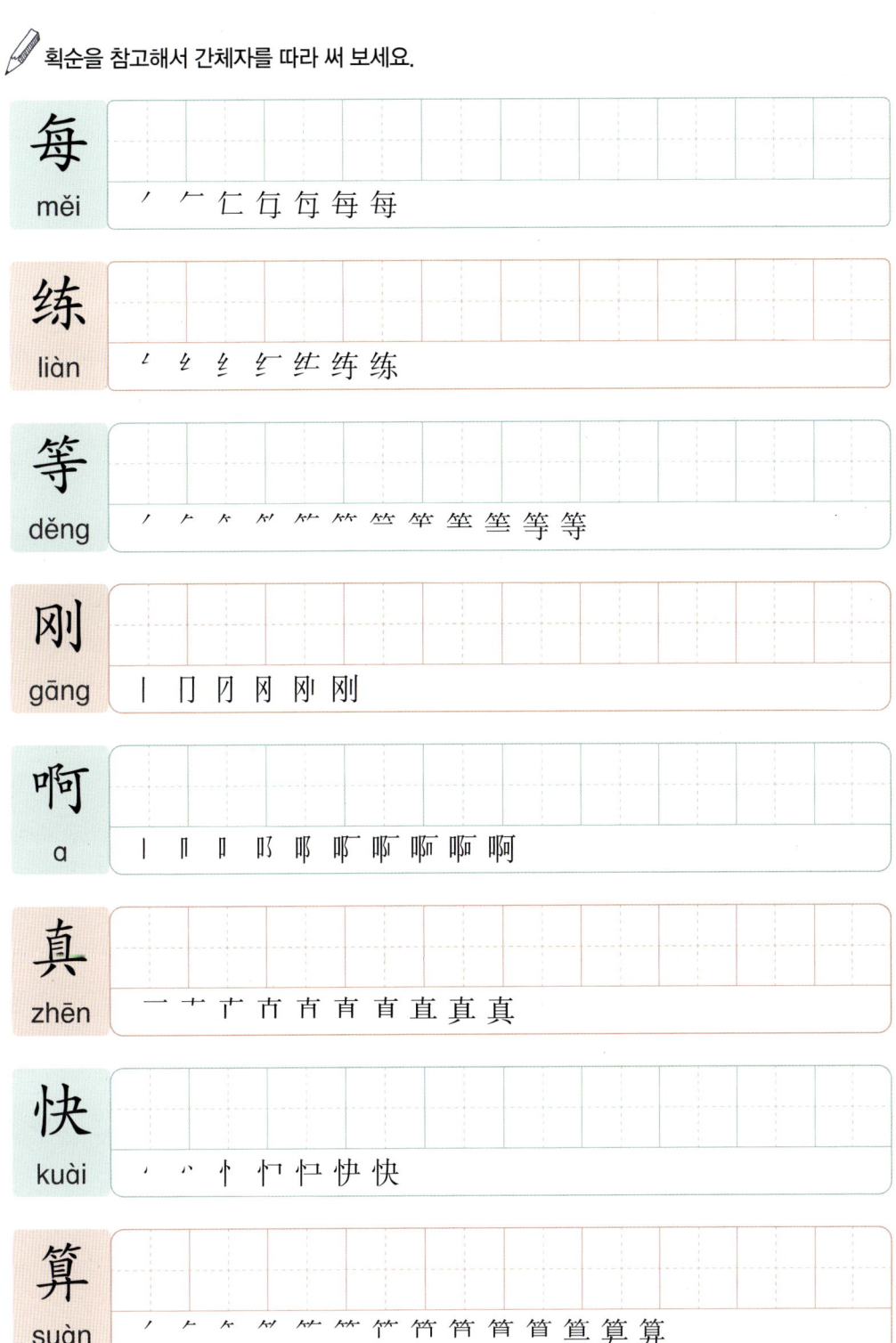

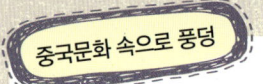
중국문화 속으로 풍덩

중국의 명절 풍습

중국에도 우리와 마찬가지로 24절기와 명절이 있다. 다만 중국인들이 중요하게 여기는 명절과 명절을 쇠는 모습은 우리와 많이 다르다고 하는데, 그들의 주요 명절 풍습을 살짝 들여다보자.

음력 정월 초하루를 가리키는 춘절(春节 Chūn Jié)은 우리와 마찬가지로 중국의 최대 명절이다. 우리는 설 당일 아침에 차례를 지내고 세배를 드리는 풍습이 있지만, 중국인들은 춘절 전날 밤에 온 식구가 모여 식사하는 것을 대단히 중시하여 타향에서 일하는 사람들도 춘절에는 꼭 고향으로 돌아가 식구들과 함께 연휴를 보낸다. 춘절 연휴 기간에는 폭죽을 터뜨리고(放鞭炮 fàng biānpào), 대련(对联 duìlián)을 붙이고, 대문에 홍등(红灯 hóngdēng)을 단다. 북방 사람들은 만두(饺子 jiǎozi)를 먹고 남방 사람들은 설떡(年糕 niángāo)을 먹는다.

우리의 정월대보름에 해당하는 원소절(元宵节 Yuánxiāo Jié)은 서한(西汉)부터 이어져 오는 명절로, 등 축제와 사자춤놀이를 즐기는 풍습이 있다. 또한 친정 어머니가 시집 간 딸이 건강한 아이를 낳길 바라는 마음을 담아 등을 선물하는 풍습(送灯 sòng dēng)도 있다. 원소절에는 가족이 함께 모여 원소(元宵 yuánxiāo)를 먹는데, 원소는 다양한 종류의 소를 넣어 빚은 찹쌀 경단으로 모양이 동글동글해 가정의 화목과 단란함을 상징한다.

단오절(端午节 Duānwǔ Jié)은 덥고 습한 날씨로 인한 돌림병을 예방하려는 액막이로부터 유래되었다고 하며, 이 때문에 단오절에는 집집마다 대문에 창포와 쑥을 걸고 웅황주(雄黄酒 xiónghuángjiǔ)를 마시는 풍습이 생겼다. 또 쫑즈(粽子 zòngzi)를 먹고 강에 제사를 지내며 용선(龙船 lóngchuán) 경기를 하는데, 이는 초(楚)나라 애국시인 굴원(屈原 Qū Yuán)의 충정을 기리기 위해 시작되었다고 전해진다.

중추절(中秋节 Zhōngqiū Jié)은 우리의 추석과 같은 명절로 당(唐)나라 초기부터 이어져 왔다. 중추절에는 월병(月饼 yuèbǐng)을 먹고 보름달을 감상하며 소원을 비는 풍습(赏月 shǎng yuè)이 있다. 월병은 원래 당과 북송(北宋) 시기의 궁중 연회 음식이었는데 점차 민간 음식으로 퍼지게 되었다. 월병의 둥근 모양은 음력 8월 15일의 둥근 달을 형상화한 것으로, 가정의 평안과 화목을 뜻한다.

단어 실력 점프

1 주어진 뜻에 해당하는 단어를 한자로 써 보세요.

① 상하이 ② 감기 ③ 평소 ④ 최근

⑤ 노력하다 ⑥ 틀리다 ⑦ 미안하다 ⑧ 조심하다

⑨ 듣자 하니 ⑩ 한참 ⑪ 어쩐지 ⑫ ~할 계획이다

2 알맞은 단어를 골라 빈칸에 써서 문장을 완성해 보세요.

> 没有　得　晚　过　小时

① 对不起，我来_____了。

② 我每天都练两个_____。

③ 我_____时间去玩儿。

④ 这次考试考_____怎么样?

⑤ 你见_____张老师吗?

나만의 단어장

1 그림을 참고하여 빈칸에 교통 수단과 관련된 단어를 써 보세요.

2 주어진 단어를 보고 한어병음을 알맞게 써 보세요.

① 飞机 _____　② 月底 _____　③ 发烧 _____

④ 咳嗽 _____　⑤ 迟到 _____　⑥ 堵车 _____

⑦ 考题 _____　⑧ 怪 _____　⑨ 假 _____

⑩ 喝茶 _____　⑪ 帅哥 _____　⑫ 错 _____

⑬ 热情 _____　⑭ 高手 _____　⑮ 俗话 _____

실력 테스트

1-5 잘 듣고 녹음 내용과 어울리는 그림을 골라 보세요. 🎧 06-01

1 (   )   2 (   )   3 (   )

4 (   )   5 (   )

a

b

c

d

e

6 다음 중 동량보어의 위치가 잘못된 문장을 고르세요.

① 这本书我看了三遍。
② 我得去趟医院。
③ 我见过一次他。
④ 我吃了一顿饭。

7 다음 밑줄 친 '来' 중에서 다른 동사의 뜻을 대신하는 용법으로 쓰인 것을 고르세요.

① 我爷爷奶奶来了。
② 问题来了，我们一起解决就行。
③ 我来写吧。
④ 服务员，再来一瓶啤酒。

8 다음 중 연동문이 아닌 것은?

① 我坐飞机去中国。
② 我有衣服穿。
③ 我去吃饭。
④ 我喜欢喝茶。

9 다음 밑줄 친 부분에 들어갈 말로 알맞은 것을 고르세요.

> 苏州我去_____，那儿的园林非常美。

① 了   ② 过
③ 着   ④ 的

10 다음 중 시량보어의 위치가 잘못된 문장을 고르세요.

① 我等了一个小时他。

② 奶奶死了一年了。

③ 我游泳游了两个小时。

④ 我学了一年的汉语。

11 다음 밑줄 친 부분에 들어갈 말로 바르게 묶인 것을 고르세요.

他_____学过汉语。
我_____没去过中国。

① 已经-从来　　② 曾经-从来
③ 曾经-已经　　④ 从来-曾经

12 다음 밑줄 친 부분에 들어갈 문장으로 알맞은 것을 고르세요.

我_____。

① 做了完作业。　② 做作业完了。
③ 做完了作业。　④ 做了作业完。

13 다음 중 결과보어가 잘못 쓰인 것을 고르세요.

① 老师说的话我听懂了。

② 我找到了工作了。

③ 对不起，我看错人了。

④ 路上堵车，我来完了。

14 다음 밑줄 친 부분에 들어갈 말로 알맞은 것을 고르세요.

A 你来中国多长时间了？
B 我来中国快_____了。

① 去年　　② 半年
③ 星期六　④ 二月

15 다음 밑줄 친 부분에 결과보어 '好'와 '错'를 알맞게 넣어 문장을 완성해보세요.

(1) A 喂！金老师在家吗？
　　B 对不起，您打_____了。

(2) A 你们都准备_____了吗？
　　B 我们早就准备_____了。

16 다음 밑줄 친 단어의 어순을 바르게 나열한 것을 고르세요.

나는 중국어를 3년 동안 배웠어요.
我学 了 汉语 三年 学。
　　a　b　c　　d

① a - b - d - c　　② b - d - a - c
③ b - a - d - c　　④ b - d - c - a

17 다음 밑줄 친 부분에 들어갈 말로 알맞은 것을 고르세요.

> 我最近很忙，_____时间去旅游。

① 不　　② 要
③ 没有　④ 找

18-19 다음 문장을 읽고 답해 보세요.

> 我们都过得很好。
> 　　　A
> 他们汉语说得很流利，
> 　　　　B
> 汉字写得也很快。
> 　　　C
> 我弟弟跑步得很快。
> 　　　　D

18 위의 밑줄 친 문장 중에서 정도보어를 잘못 활용한 것은?

① A　　② B
③ C　　④ D

19 다음 중 B 문장을 부정형으로 알맞게 바꾼 것을 고르세요.

① 他们汉语不说得流利。
② 他们汉语说得不流利。
③ 他们汉语说不得很流利。
④ 他们不汉语说得流利。

20-23 주어진 단어를 어순에 맞게 배열해 보세요.

20 我　趟　医院　去　得

_____。

21 我们　去　坐　美国　飞机

_____。

22 韩国　你　时间了　来　多长

_____？

23 苏州　我　没　从来　过　去

_____。

24-27 괄호 안에 제시된 표현을 사용해 작문해 보세요.

24 나는 퇴근하고 바로 가려고 해요. (下班，去)

_____。

25 너 노래 정말 잘 부른다. (唱歌，棒)

_____。

26 사람을 잘못 봤어요. (错)

_____。

27 나는 매일 두 시간씩 연습해요. (练，小时)

_____。

대화문 완성

1-6 그림의 상황을 참고하여 어울리는 대화를 완성해 보세요.

1

A 你的脸色不好，哪儿不_____?
B 从昨天_____咳嗽、发烧。

2

A 期末考试考_____怎么样？
B 考_____不怎么样，
　都_____我平时不努力。

3

A 昨天我在仁寺洞看_____你了。
B 小姐，昨天我在_____看书呢。

4

A 这部电影看得怎么样？
B 好看_____。

5

A 你怎么又迟到了？
B 路上堵车堵得很_____。

6

A 我们五年_____见了吧，是不是？
B 是啊，时间过_____真快。

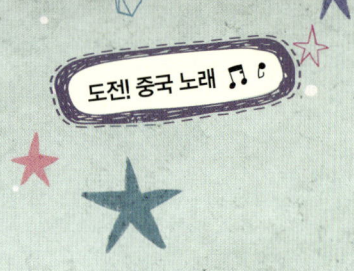

恭喜恭喜 Gōngxǐ gōngxǐ

每条大街小巷每个人的嘴里
Měi tiáo dàjiē xiǎo xiàng měi ge rén de zuǐ li

见面第一句话就是恭喜恭喜
Jiànmiàn dì yí jù huà jiù shì gōngxǐ gōngxǐ

恭喜恭喜恭喜你呀，恭喜恭喜恭喜你
Gōngxǐ gōngxǐ gōngxǐ nǐ ya, gōngxǐ gōngxǐ gōngxǐ nǐ

冬天一到尽头真是好的消息
Dōngtiān yí dào jìntóu zhēn shì hǎo de xiāoxi

温暖的春风吹醒了大地
Wēnnuǎn de chūnfēng chuīxǐngle dàdì

恭喜恭喜恭喜你呀，恭喜恭喜恭喜你
Gōngxǐ gōngxǐ gōngxǐ nǐ ya, gōngxǐ gōngxǐ gōngxǐ nǐ

浩浩冰雪融解眼看梅花吐蕊
Hàohào bīngxuě róngjiě yǎnkàn méihuā tǔ ruǐ

漫漫长夜过去听到一声鸡啼
Mànmàn chángyè guòqu tīngdào yì shēng jī tí

恭喜恭喜恭喜你呀，恭喜恭喜恭喜你
Gōngxǐ gōngxǐ gōngxǐ nǐ ya, gōngxǐ gōngxǐ gōngxǐ nǐ

거리마다 사람들마다
만나면 처음 하는 말, 축하합니다.
축하합니다, 축하해요.
겨울이 끝나 가면 정말이지 좋은 소식이 오네.
따뜻한 봄바람이 온 대지를 깨우네.
축하합니다, 축하해요.
얼었던 눈이 녹고 매화가 꽃망울을 터뜨리네.
기나긴 밤이 지나면 닭 우는 소리가 들리네.
축하합니다, 축하해요.

07

你快下来吧。
Nǐ kuài xiàlai ba.

얼른 내려와.

학습 포인트

- 단순방향보어의 용법 익히기
- 방향동사 이해하기
- 동사 '祝'로 기원문 만들기

 나의 회화 수첩

 집이 최고야! 07-01

乐天 妈妈，我回来了。
　　　Māma, wǒ huílai le.

张金喜 外边冷，你快进屋来吧。
　　　Wàibian lěng, nǐ kuài jìn wū lai ba.

乐天 妈妈，我饿了，我想吃方便面。
　　　Māma, wǒ è le, wǒ xiǎng chī fāngbiànmiàn.

张金喜 好啊，妈妈马上给你煮方便面。
　　　Hǎo a, māma mǎshàng gěi nǐ zhǔ fāngbiànmiàn.

来 lái 동 동사 뒤에서 동작의 방향을 나타냄 | 外边 wàibian 명 밖 | 冷 lěng 형 춥다 … 热 rè 덥다 | 进 jìn 동 (밖에서 안으로) 들다 | 饿 è 형 배고프다 | 方便面 fāngbiànmiàn 명 라면 | 马上 mǎshàng 부 바로, 곧 | 煮 zhǔ 동 삶다, 끓이다
▶ 炒 chǎo 볶다, 煎 jiān 부치다, 烤 kǎo 굽다, 炸 zhá 튀기다, 蒸 zhēng 찌다, 炖 dùn 푹 고다

 셀카봉 가지고 출발~ 07-02

民俊 松怡，我到了，你快下来吧。
　　　Sōngyí, wǒ dào le, nǐ kuài xiàlai ba.

松怡 我就下去，手机自拍杆呢?
　　　Wǒ jiù xiàqu, shǒujī zìpāigǎn ne?

民俊 带来了。
　　　Dàilai le.

松怡 太好了。一会儿见!
　　　Tài hǎo le. Yíhuìr jiàn!

去 qù 동 동사 뒤에서 동작의 방향을 나타냄 | 自拍杆 zìpāigǎn 명 셀카봉 | 一会儿 yíhuìr 수량 곧, 잠깐 동안

 상황 ③ 바쁜 사장님의 일정 　07-03

王秘书　金总，中国客户后天要过来。
　　　　Jīn zǒng, Zhōngguó kèhù hòutiān yào guòlai.

金泰山　他们什么时候到仁川机场？
　　　　Tāmen shénme shíhou dào Rénchuān Jīchǎng?

王秘书　他们说后天中午到。
　　　　Tāmen shuō hòutiān zhōngwǔ dào.

金泰山　是吗？你帮我安排好日程吧。
　　　　Shì ma? Nǐ bāng wǒ ānpái hǎo rìchéng ba.

王秘书　好的。金总，您今天去出差明天能回来吗？
　　　　Hǎo de. Jīn zǒng, nín jīntiān qù chūchāi míngtiān néng huílai ma?

金泰山　能。我明天晚上回来。
　　　　Néng. Wǒ míngtiān wǎnshang huílai.

王秘书　好的。祝您出差顺利！
　　　　Hǎo de. Zhù nín chūchāi shùnlì!

客户 kèhù 명 고객, 바이어 | 后天 hòutiān 명 모레 | 仁川机场 Rénchuān Jīchǎng 고유 인천공항 | 中午 zhōngwǔ 명 정오 | 帮 bāng 통 돕다, 거들다 | 安排 ānpái 통 안배하다, 일을 처리하다 | 日程 rìchéng 명 일정, 스케줄 | 祝 zhù 통 기원하다, 축하하다 | 顺利 shùnlì 형 순조롭다 | ●王秘书 Wáng mìshū 왕 비서

어법 노하우 대 공개

방향보어란?

방향보어란 동사 뒤에서 동작의 방향을 나타내는 보어를 말한다. 방향보어는 단순방향보어와 복합방향보어로 나누어진다.

① 단순방향보어
- 동사 + 来/去
- 동사 + 上/下/进/出/回/过/起

② 복합방향보어
- 동사 + 上/下/进/出/回/过/起 + 来/去

단순방향보어

단순방향보어로는 주로 동사 '来'와 '去'가 사용된다. 행위자의 동작이 화자를 향할 때는 '来'를 쓰고, 행위자의 동작이 화자로부터 멀어질 때는 '去'를 쓴다.

你下来吧。
Nǐ xiàlai ba.
내려오세요.

他回去了。
Tā huíqu le.
그 사람 돌아갔어.

① 단순방향보어 '来'와 '去'의 용법

장소를 나타내는 목적어는 반드시 '来'와 '去' 앞에 위치한다.

[동사+장소 목적어+来/去]

老师进教室来了。
Lǎoshī jìn jiàoshì lai le.
선생님께서 교실로 들어오셨어요.

他到上海去了。
Tā dào Shànghǎi qu le.
그는 상하이에 갔어요.

일반명사인 목적어는 '来'와 '去' 앞뒤 모두에 올 수 있다.

[동사+来/去+일반명사 목적어]

他带来一台数码相机。
Tā dàilai yì tái shùmǎxiàngjī.
그가 디지털카메라 한 대를 가져왔어요.

[동사+일반명사 목적어+来/去]

我想给朋友寄一本书去。
Wǒ xiǎng gěi péngyou jì yì běn shū qu.
나는 친구에게 책을 한 권 부치고 싶어.

이미 발생한 일에 동반되는 동태조사 '了'는 동사 뒤나 방향보어 뒤 모두에 올 수 있다.

她买了三斤苹果去。
Tā mǎile sān jīn píngguǒ qu.
그녀는 사과 세 근을 사 갔어요.

他们从外边搬来了一张桌子。
Tāmen cóng wàibian bānlaile yì zhāng zhuōzi.
그들은 밖에서 책상 하나를 옮겨 왔어요.

알아두자! 방향보어를 쓰는 문장에 동태조사 '过'를 쓸 수 있다.
예) 他带来过几个朋友。 Tā dàilaiguo jǐ ge péngyou. 그는 친구 몇 명을 데려왔었어요.

② **방향동사 방향보어**

방향동사 '上', '下', '进', '出', '回', '过', '起'도 동사 뒤에서 방향보어로 사용될 수 있다.

我终于登上了山顶。
Wǒ zhōngyú dēngshangle shāndǐng.
나는 마침내 산 정상에 올랐어요.

他走出了办公室。
Tā zǒuchule bàngōngshì.
그는 사무실에서 걸어 나갔어요.

③ **부정형**

방향보어가 있는 문장을 부정형으로 만들 때는 '没有'나 '不'를 사용한다.

他没有带来手机自拍杆。
Tā méiyou dàilai shǒujī zìpāigǎn.
그는 휴대전화 셀카봉을 가져오지 않았어.

明天我不带盒饭来。
Míngtiān wǒ bú dài héfàn lai.
내일 나는 도시락을 안 가져올 거야.

동사 '祝'

동사 '祝'는 문장 앞에 위치하여 축하, 축원, 기원의 뜻을 나타낸다.

祝你生日快乐! 생일 축하해!
Zhù nǐ shēngrì kuàilè!

祝你成功! 성공을 빌어요!
Zhù nǐ chénggōng!

祝你周末愉快! 주말 잘 보내요!
Zhù nǐ zhōumò yúkuài!

祝你一路平安! 가시는 길이 평안하길 빌어요!
Zhù nǐ yílùpíng'ān!

새 단어

数码相机 shùmǎxiàngjī 몡 디지털카메라 | 寄 jì 동 부치다 | 苹果 píngguǒ 몡 사과 | 搬 bān 동 옮기다 | 终于 zhōngyú 부 마침내, 결국 | 登 dēng 동 오르다 | 山顶 shāndǐng 몡 산 정상 | 生日 shēngrì 몡 생일 | 快乐 kuàilè 형 즐겁다 | 成功 chénggōng 동 성공하다 | 愉快 yúkuài 형 유쾌하다 | 一路平安 yílùpíng'ān 가시는 길이 평안하길 빕니다

숨겨 둔 문장 실력

▶ 바꿔서 말해 보고, 이를 활용해 대화를 나눠 보세요. 🎧 07-04

하나 你快进屋来吧。
　　　　教室
　　　　办公室
　　　　会议室

실력 up!
A 我来了。
B 你快进屋来吧。

教室 jiàoshì 교실 | 办公室 bàngōngshì 사무실 | 会议室 huìyìshì 회의실

둘 我到了，你快下来吧。
　　　　上来
　　　　过来
　　　　出来

실력 up!
A 我到了，你快下来吧。
B 我就下去。

上来 shànglai 올라오다 | 过来 guòlai 건너오다 | 出来 chūlai 나오다

셋 你帮我安排好日程吧。
　　　　做作业
　　　　整理资料
　　　　打扫房间

실력 up!
A 我帮你做什么呢？
B 你帮我安排好日程吧。

做作业 zuò zuòyè 숙제를 하다 | 整理资料 zhěnglǐ zīliào 자료를 정리하다 | 打扫房间 dǎsǎo fángjiān 방 청소를 하다

단어 플러스

여러 가지 간식

饼干 bǐnggān 과자 | 饺子 jiǎozi 만두 | 汉堡包 hànbǎobāo 햄버거 | 蛋糕 dàngāo 케이크 | 冰淇淋 bīngqílín 아이스크림 | 面包 miànbāo 빵 | 三明治 sānmíngzhì 샌드위치 | 比萨饼 bǐsàbǐng 피자 | 薯条 shǔtiáo 프렌치프라이 | 米糕 mǐgāo 떡 | 酸奶 suānnǎi 요구르트

나만의 복습 다이어리

오늘은 동작의 방향을 말해 주는 방향보어를 배웠어.
방향보어에는 <u>단순방향보어</u>와 <u>복합방향보어</u>가 있는데, 오늘은 우선 단순방향보어를 섭렵해 보겠어!
단순방향보어로는 주로 '来 lái'와 '去 qù'가 쓰이지. 예를 들어 보면 좀 더 쉽게 정리될 거야.

(아래에 있는 사람이 위에 있는 사람에게) 내려와. 下来吧。 Xiàlai ba.
(밖에 있는 사람에게 안으로) 들어가자. 进去吧。 Jìnqu ba.

앞에서 배웠던 보어 중 동량보어와 시량보어의 경우, 인칭대명사가 목적어로 나오면 목적어가 보어 앞으로 갔었잖아. 방향보어도 비슷한데, 장소 목적어가 나오면 정신 바짝 차리고 무조건 '来'나 '去' 앞에 놓아야 해. 예를 들어 보자.

어서 교실로 들어와. 快进教室来吧。 Kuài jìn jiàoshì lai ba.

'来'와 '去' 외의 방향동사가 단순방향보어로 쓰이기도 하는데, 여기에는 '上 shàng', '下 xià', '进 jìn', '出 chū', '回 huí', '过 guò', '起 qǐ'가 있어. '교실로 걸어 들어간다.'라는 문장은 동사 '走'와 방향보어 '进'을 써서 '走进教室。 Zǒujin jiàoshì.'라고 하면 되겠지.

방향보어가 골치 아팠으니 마무리는 좀 가벼운 걸로 해 볼까? 축하 인사, 잘 다녀오라는 인사, 건강하시라는 덕담 등등은 문장 앞에 '祝 zhù'를 써서 표현할 수 있어. 그럼 축하 인사 한마디 해 보자고~

 생일 축하해! 祝你生日快乐! Zhù nǐ shēngrì kuàilè!

히힛, 역시 난 중국어 체질~~ 혹시 이러다 내 어깨에 중국어 날개 돋는 거 아냐?

즉문즉답

Q 선생님, '教室'는 장소 목적어이니까 '走教室进。'이라 해야 하지 않나요?
A 방향보어에 따라 목적어의 위치가 달라진답니다.

'来'나 '去'가 방향보어일 때 장소 목적어는 반드시 방향보어의 앞에 위치한다고 배웠지요. 하지만 '来'와 '去'가 아닌 방향동사가 방향보어로 쓰일 때는 장소 목적어가 방향보어의 뒤에 위치합니다. 즉 '동사+방향동사 방향보어+장소 목적어' 형식이 되지요. 위 문장에서는 '进'이 방향보어로 쓰였지요? 따라서 '走进教室。'라 해야 정확한 표현이 된답니다.

차근차근 실력 확인

1 잘 듣고 그림과 녹음 내용이 일치하면 O표, 일치하지 않으면 X표를 해 보세요. 🎧 07-05

❶

( )

❷

( )

❸

( )

❹

( )

2 아래 단어의 한어병음과 뜻을 해당하는 번호의 빈칸에 알맞게 써 보세요.

① 外边   ② 冷   ③ 饿   ④ 方便面
⑤ 日程   ⑥ 客户   ⑦ 马上   ⑧ 帮

❶ 한어병음 _____ 뜻 _____   ❷ 한어병음 _____ 뜻 _____

❸ 한어병음 _____ 뜻 _____   ❹ 한어병음 _____ 뜻 _____

❺ 한어병음 _____ 뜻 _____   ❻ 한어병음 _____ 뜻 _____

❼ 한어병음 _____ 뜻 _____   ❽ 한어병음 _____ 뜻 _____

3 대화가 완성될 수 있도록 문장을 알맞게 연결해 보세요.

① 他们什么时候到机场?　　　　　　　A 带来了。
　Tāmen shénme shíhou dào jīchǎng?　　　　Dàilai le.

② 您明天能回来吗?　　　　　　　　　B 他们说后天中午到。
　Nín míngtiān néng huílai ma?　　　　　　Tāmen shuō hòutiān zhōngwǔ dào.

③ 你带来手机自拍杆吗?　　　　　　　C 妈妈马上给你煮方便面。
　Nǐ dàilai shǒujī zìpāigǎn ma?　　　　　　Māma mǎshàng gěi nǐ zhǔ fāngbiànmiàn.

④ 我想吃方便面。　　　　　　　　　　D 我明天晚上回来。
　Wǒ xiǎng chī fāngbiànmiàn.　　　　　　　Wǒ míngtiān wǎnshang huílai.

4 주어진 단어를 어순에 맞게 배열하고, 문장 전체를 해석해 보세요.

① 来　你　下　吧　快

　문장 : _____。

　뜻 : _____.

② 快　吧　来　你　屋　进

　문장 : _____。

　뜻 : _____.

③ 客户　中国　要　后天　过来

　문장 : _____。

　뜻 : _____.

④ 你帮　吧　好　日程　我　安排

　문장 : _____。

　뜻 : _____.

발음·성조 클리닉

📋 중국 명사의 명언을 읽으며 발음과 성조를 연습해 보세요. 🎧 07-06

1 마오쩌둥(毛泽东 Máo Zédōng)

Xīngxing zhī huǒ, kěyǐ liáoyuán.

星星之火，可以燎原。
작디 작은 불씨가 들판 전체를 태울 수 있다.

2 저우언라이(周恩来 Zhōu Ēnlái)

Yìfānfēngshùn shì bù néng móliàn rén de.

一帆风顺是不能磨练人的。
시련이 없으면 사람이 단단해지지 않는다.

3 덩샤오핑(邓小平 Dèng Xiǎopíng)

Bùguǎn hēi māo bái māo, zhuōzhù lǎoshǔ jiù shì hǎo māo.

不管黑猫白猫，捉住老鼠就是好猫。
검은 고양이든 흰 고양이든 쥐만 잘 잡으면 좋은 고양이이다.

4 시진핑(习近平 Xí Jìnpíng)

Gǎigé bù tíngdùn, kāifàng bù zhǐbù.

改革不停顿，开放不止步。
개혁은 중단할 수 없고, 개방도 멈출 수 없다.

간체자와 친해지기

✏️ 획순을 참고해서 간체자를 따라 써 보세요.

进 jìn
一 二 丰 井 讲 进 进

屋 wū
一 ㄱ 尸 尸 尸 屋 屋 屋 屋

煮 zhǔ
一 十 土 耂 耂 者 者 者 煮 煮 煮

客 kè
丶 宀 宀 宁 炉 灾 客 客 客

帮 bāng
一 二 三 丰 邦 邦 邦 帮 帮

饿 è
丿 ㇀ 饣 饣 饣 饣 饣 饿 饿 饿

排 pái
一 扌 扌 扌 扌 扌 扫 排 排 排

祝 zhù
丶 ㇀ 礻 礻 礻 祀 祀 祝 祝

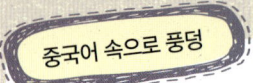

하고 싶은 말 말고, 잘하는 말을 하자

즐거운 중국어 수업 시간. 오늘따라 유난히 반응이 좋은 우리 학생들!
'你去哪儿? Nǐ qù nǎr? (어디 가요?)'하고 물으시는 선생님의 질문에
앞에서 배웠던 단어들을 활용해 열심히 대답한다.
"我去中国。Wǒ qù Zhōngguó. (중국에 가요.)"
"我去图书馆。Wǒ qù túshūguǎn. (도서관에 가요.)"
이때 갑자기 손을 번쩍 드는 학생이 있으니…… 일명 엉뚱 질문 대마왕!
"선생님~ 우주는 어떻게 말해요? 전 우주에 가고 싶어요."
선생님이 "우주는 '宇宙 yǔzhòu'인데."하고 대답하자마자 또 돌아오는 질문. "그럼 버뮤다 삼각지대는요?"
선생님은 "버뮤다 삼각지대는 '百慕大三角 Bǎimùdà sānjiǎo'라고 해."하고 친절히 답해 주신다. 호기심과
의욕이 충만한 질문 대마왕, 신나는 표정으로 열심히 따라 한다.

그 다음 수업 시간. 선생님이 복습 차 다시 한 번 '你去哪儿? Nǐ qù nǎr?'하고 물으시니 질문 대마왕이
또 다시 새로운 질문을 한다. "선생님~ 오늘은 나이아가라 폭포를 알려 주세요!" 이때 만면에 미소를 띤
선생님의 한마디. "우리 나이아가라 폭포 가기 전에 지난 시간에 배운 버뮤다 삼각지대에 먼저 가 볼까?
질문 대마왕이 한번 대답해 봐요." 이 순간 모두의 눈이 질문 대마왕에게로 집중되는데, 과연 그는 버뮤다
삼각지대를 기억하고 있었을까? 대답은 당연히 No! 이렇게 하여 그날 질문 대마왕은 결국 나이아가라
폭포에 가지 못했다.

중국어를 처음 배울 때는 이 세상에 존재하는 모든 단어를 중국어로 말하고 싶은 의욕이 앞서곤 한다.
하지만 공부는 의욕만 있다고 되는 것은 아니니, 일단 중국어의 기본 단어를 습득한 후 그와 관련된 어휘
학습으로 확장시켜 가는 것이 좋다. 예를 들어 우리가 '도서관(图书馆 túshūguǎn)'이라는 단어를 배웠다면
도서관과 연관된 단어인 '책을 대출하다(借书 jiè shū)', '책을 반납하다(还书 huán shū)'를 학습하는 것이
중국어 실력 향상에 훨씬 도움이 된다는 것이다. 그렇지 않고 새 단어만 계속 탐구하다가는 기본 단어도
숙지하지 못하고 새 단어도 놓치게 되어 중국어와 점점 사이가 벌어지는 불상사가 일어날 수 있다.

그러니 중국어 회화를 잘하고 싶다면 우선 수업 시간에 배운 단어를 충실히 복습한 후 새 단어를 외우도록
하자. 기억하시라~ 창의력이 뛰어난 그 어떤 선생님도 '中国', '图书馆'을 이야기하다가 갑자기 "버뮤다
삼각지대, 나이아가라 폭포는 뭐라고 하는지 알아 볼까요?"하고 묻지 않는다는 것을……
'기본기'는 중국어 학습에도 예외 없이 적용된다. '사상누각(沙上楼阁)' 즉 기본기가 없으면 오래 가지
못한다는 사실은 똑똑한 여러분이 더 잘 아시리라 생각한다.

08

我跟校长商量商量。
Wǒ gēn xiàozhǎng shāngliang shāngliang.

제가 교장 선생님과 상의해 볼게요.

학습 포인트

- 개사 '关于', '除了' 용법 익히기
- 2음절 동사의 중첩형 이해하기
- 조동사 '应该' 용법 익히기
- 동량보어 '一下(儿)' 활용하기

나의 회화 수첩

상황 ❶ 실수는 늘 있는 법 🎧 08-01

周老师 那个学生的事儿解决了吗?
Nàge xuésheng de shìr jiějuéle ma?

张金喜 关于他的事，我得跟校长商量商量。
Guānyú tā de shì, wǒ děi gēn xiàozhǎng shāngliang shāngliang.

周老师 校长会原谅他吗?
Xiàozhǎng huì yuánliàng tā ma?

张金喜 他是个三好学生，校长也应该考虑这个。
Tā shì ge sānhǎo xuésheng, xiàozhǎng yě yīnggāi kǎolǜ zhège.

学生 xuésheng 명 학생 | **解决** jiějué 동 해결하다 | **关于** guānyú 개 ~에 관하여 | **校长** xiàozhǎng 명 교장, 총장 | **商量** shāngliang 동 상의하다 | **原谅** yuánliàng 동 용서하다 | **三好学生** sānhǎo xuésheng 중국 초, 중, 고등학교가 모범 학생을 선발하여 부여하는 칭호 | **应该** yīnggāi 조동 마땅히 ~해야 한다 | **考虑** kǎolǜ 동 고려하다, 생각하다

상황 ❷ 서로서로 양보합시다 🎧 08-02

松 怡 先生，让一下，好吗? 我要下车。
Xiānsheng, ràng yíxià, hǎo ma? Wǒ yào xià chē.

先 生 好的，咱们换一下。
Hǎo de, zánmen huàn yíxià.

松 怡 谢谢!
Xièxie!

先 生 没事儿。
Méi shìr.

让 ràng 동 양보하다 | **一下** yíxià 수량 좀 ~하다 [동사 뒤에 쓰여 '한번 해 보다'라는 뜻을 나타냄] | **下车** xià chē 동 차에서 내리다 | **咱们** zánmen 대 우리 | **没事儿** méi shìr 괜찮다

 맛집 탐방! 08-03

松怡 **你们这里的拿手菜是什么？**
Nǐmen zhèli de náshǒu cài shì shénme?

服务员 **东坡肉和糖醋带鱼。**
Dōngpōròu hé tángcùdàiyú.

松怡 **好吃吗？**
Hǎochī ma?

服务员 **您尝尝就知道了。**
Nín chángchang jiù zhīdào le.

松怡 **啤酒呢，除了青岛啤酒外，还有什么啤酒？**
Píjiǔ ne, chúle Qīngdǎo píjiǔ wài, hái yǒu shénme píjiǔ?

服务员 **最近年轻人比较喜欢雪花啤酒。**
Zuìjìn niánqīng rén bǐjiào xǐhuan Xuěhuā píjiǔ.

松怡 **是吗？那给我们拿三瓶。**
Shì ma? Nà gěi wǒmen ná sān píng.

服务员 **好的。请稍等。**
Hǎo de. Qǐng shāo děng.

拿手菜 náshǒu cài 명 가장 잘하는 요리 | **东坡肉** dōngpōròu 명 동파육 [요리명] | **糖醋带鱼** tángcùdàiyú 명 탕수 갈치 [요리명] | **好吃** hǎochī 형 맛있다 | **尝** cháng 동 맛보다 | **啤酒** píjiǔ 명 맥주 ▶ **白酒** báijiǔ 중국의 증류주, **红酒** hóngjiǔ 와인, **黄酒** huángjiǔ 황주 | **除了……外** chúle……wài ~외에 | **年轻** niánqīng 형 젊다 | **比较** bǐjiào 부 비교적 | **拿** ná 동 가지다, 잡다 | **瓶** píng 양 병 | **稍** shāo 부 잠시, 잠깐 ●**青岛啤酒** Qīngdǎo píjiǔ 청도맥주, **雪花啤酒** Xuěhuā píjiǔ 설화맥주, **服务员** fúwùyuán 종업원

어법 노하우 대 공개

개사 '关于'

'关于'는 '~에 관해'라는 뜻으로, 동작과 관련된 사람이나 사물의 범위를 나타낸다.

[关于……, 주어+술어+기타 성분]
关于考试范围，我下一课告诉你们。 시험 범위에 관해서는 다음 시간에 너희들에게 알려 주마.
Guānyú kǎoshì fànwéi, wǒ xià yí kè gàosu nǐmen.

[주어+술어+关于+목적어]
这本书是**关于**做中国菜的。 이 책은 중국 요리를 만드는 것에 관한 것이에요.
Zhè běn shū shì guānyú zuò Zhōngguó cài de.

[关于+명사구] : 글의 제목으로 자주 쓰임
《**关于**男女平等 Guānyú nánnǚ píngděng》『남녀 평등에 관하여』

2음절 동사의 중첩

- **ABAB** : ~해 보다, 좀 ~하다

  商量商量 shāngliang shāngliang 상의해 보다 | 介绍介绍 jièshào jièshào 소개 좀 하다

  我来给你们**介绍介绍**。 제가 여러분께 소개해 드리지요.
  Wǒ lái gěi nǐmen jièshào jièshào.

- **AB了AB** : ~해 봤다, 좀 ~했다

  研究了研究 yánjiūle yánjiū 연구해 봤다 | 休息了休息 xiūxile xiūxi 좀 쉬었다

  星期天我在家**休息了休息**。 일요일에 난 집에서 좀 쉬었어.
  Xīngqītiān wǒ zài jiā xiūxile xiūxi.

   2음절 동사의 중첩형으로 'AB一AB' 형식은 쓰지 않는다.

조동사 '应该'

'应该'는 '(도의적으로) 마땅히/당연히 ~해야 한다'라는 뜻으로, 당위성을 나타내는 조동사이다.
这是我**应该**做的。 이것은 제가 마땅히 해야 할 일이에요.
Zhè shì wǒ yīnggāi zuò de.

회화에서는 '该'만 쓰기도 한다.
天黑了，我**该**回家了。 날이 어두워졌네요. 집에 가야겠어요.
Tiān hēi le, wǒ gāi huí jiā le.

동량보어 '一下(儿)'

'一下(儿)'은 동사 뒤에서 동량보어로 쓰여 '한 차례(一次 yí cì)'라는 뜻을 나타내거나 동사의 중첩형과 같이 '~해 보다'라는 가벼운 시도를 나타낸다.

前天她来过一下儿。	我给你们介绍一下。	你等我一下，好吗？
Qiántiān tā láiguo yíxiàr.	Wǒ gěi nǐmen jièshào yíxià.	Nǐ děng wǒ yíxià, hǎo ma?
그저께 그녀가 한 번 왔었어.	제가 여러분께 소개할게요.	나 좀 기다려 줄래요?

咱们 vs 我们

'咱们'은 '우리'라는 뜻의 대명사로, 말하는 사람과 듣는 사람을 모두 포함하며 상대어는 '他们'이다. '我们'은 말하는 사람 편에만 속한 '우리'를 뜻하며 듣는 사람은 '我们'에 포함되지 않는다. '我们'의 상대어는 '你们'이다.

咱们一起吃吧。	我们去吃饭，你们呢？
Zánmen yìqǐ chī ba.	Wǒmen qù chīfàn, nǐmen ne?
우리 같이 먹어요.	우리 밥 먹으러 갈 건데, 너희는?

개사 '除了'

개사 '除了'는 '~외에'라는 뜻으로, '除了……(以)外'의 형식으로 쓴다. '배제'와 '추가'의 두 가지 의미로 사용되는데, '배제'의 의미일 경우 뒤 절에 부사 '都'를, '추가'의 의미일 경우 부사 '还'를 사용한다.

① 배제

[除了……(以)外，都……] : ~을 제외하고 모두 ~이다

除了他以外，我们都去。 그를 제외하고 우리는 모두 갑니다.
Chúle tā yǐwài, wǒmen dōu qù.

② 추가

[除了……(以)外，还……] : ~이외에 또 ~이다

除了茅台酒以外，中国还有什么酒？ 마오타이주 외에 중국에는 또 어떤 술이 있나요?
Chúle Máotáijiǔ yǐwài, Zhōngguó hái yǒu shénme jiǔ?

새 단어

范围 fànwéi 명 범위 | 平等 píngděng 형 평등하다 | 介绍 jièshào 동 소개하다 | 研究 yánjiū 동 연구하다 | 茅台酒 Máotáijiǔ 고유 마오타이주 [중국의 유명 증류주]

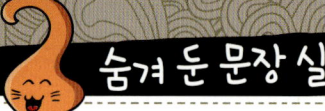

숨겨 둔 문장 실력

▶ 바꿔서 말해 보고, 이를 활용해 대화를 나눠 보세요. 🎧 08-04

하나 我得跟校长商量商量。
　　　妈妈
　　　李老师
　　　上司

> 실력 up!
> A 那件事儿解决了吗?
> B 我得跟校长商量商量。

李老师 Lǐ lǎoshī 이 선생님 | 上司 shàngsī 상사

둘 先生，让一下，好吗?
哥哥　　看
亲爱的　听
小金　　尝

> 실력 up!
> A 先生，让一下，好吗?
> B 好的。

亲爱的 qīn'àide 자기, 달링 | 小金 xiǎo Jīn 김 군 | 尝 cháng 맛보다

셋 除了青岛啤酒外，还有雪花啤酒。
　　　茅台酒
　　　张裕葡萄酒
　　　水井坊

> 실력 up!
> A 除了青岛啤酒外，还有什么酒?
> B 除了青岛啤酒外，还有雪花啤酒。

茅台酒 Máotáijiǔ 마오타이주 | 张裕葡萄酒 Zhāngyù pútaojiǔ 장위 포도주 [중국의 유명 포도주]
水井坊 Shuǐjǐngfáng 수정방 [중국의 유명 증류주]

단어 플러스

음식점과 관련된 표현

饭馆 fànguǎn 음식점 | 餐厅 cāntīng 음식점 | 菜单 càidān 메뉴판 | 勺 sháo 숟가락 | 筷子 kuàizi 젓가락 | 叉子 chāzi 포크 | 餐巾纸 cānjīnzhǐ 냅킨 | 点菜 diǎncài 주문하다 | 上菜 shàngcài 요리를 내오다 | AA制 AA-zhì 더치페이하다 | 预订 yùdìng 예약하다 | 结账 jiézhàng 계산하다 | 买单 mǎidān 계산하다 | 付钱 fù qián 돈을 지불하다 | 刷卡 shuākǎ 카드로 결제하다 | 发票 fāpiào 영수증

나만의 복습 다이어리

휴~ 이번 과는 잠시 쉬어 가는 느낌이랄까? 그동안 보어 때문에 머리가 좀 아팠는데 이번엔 4과에 나왔던 동량보어 중의 하나인 '一下 yíxià'만 등장해서 큰 부담이 없었어. '一下'는 '~해 보다'라는 시도의 뜻을 나타낸대. 예를 한번 들어 보자.

(복잡한 차 안에서) 좀 비켜 주세요.  让一下! Ràng yíxià!

개사 '除了 chúle'는 '~을 제외하고'라는 뜻과 '~이외에 또'라는 완전히 상반된 뜻을 갖고 있는데, 뜻에 따라 호응하는 부사가 달라지기 때문에 주의해야 해. 예를 들어 보면~

내일만 빼고 모두 일이 있어. 除了明天以外, 都有事。 Chúle míngtiān yǐwài, dōu yǒu shì.
옷 외에 가방도 사고 싶어. 除了衣服以外, 还想买书包。 Chúle yīfu yǐwài, hái xiǎng mǎi shūbāo.

2권 7과에서 1음절 동사의 중첩을 배웠었는데, 이번에는 2음절 동사의 중첩이 나왔더라고. 1음절이든 2음절이든 동사를 중첩하면 어감이 가벼워지고 시험 삼아 한번 해 본다는 뜻을 나타내지. 2음절 동사의 중첩형에 '了'를 쓸 때는 '商量了商量'의 형식으로 쓴다는 것도 잊지 말자! 참, 그리고 1음절 동사의 중첩과는 달리 'AB一AB' 형식, 즉 '商量一商量'으로는 쓸 수 없다니까 이것도 기억 목록에 추가!

마지막으로 '선생님'이라는 뜻인 '先生 xiānsheng'은 우리말과 다르게 쓰인다는 것도 알아두면 좋겠어. '先生'은 학생들을 가르치는 선생님이 아니라 일반 남성을 높여 부를 때 쓰는 말이야. 그렇다면 우리말의 선생님은 중국어로 뭐였더라? 맞아! '老师 lǎoshī'.
내친김에 선생님께 감사 인사를 하면서 마무리해 볼까? 스승의 은혜는 하늘 같아서~

谢谢老师! Xièxie lǎoshī! 고맙습니다. 선생님!

즉문즉답

Q 선생님, 이합사인 '见面'을 중첩할 때 '见面见面'이라고 써도 되나요?
A 이합사는 'ABAB' 형식으로 중첩하지 않습니다.

이미 배웠다시피 이합사는 '동사+목적어' 구조의 동사이지요. 이합사를 중첩할 때는 이합사의 동사 성분만 떼어 중첩하면 됩니다. 즉 'AAB' 형식이 되겠네요. 그럼 '见面'의 중첩형을 제대로 만들어 볼까요?

大家见见面吧! Dàjiā jiànjian miàn ba! 여러분 만납시다!

차근차근 실력 확인

1 잘 듣고 그림과 녹음 내용이 일치하면 O표, 일치하지 않으면 X표를 해 보세요. 🎧 08-05

❶
(   )

❷
(   )

❸
(   )

❹
(   )

2 아래 단어의 한어병음과 뜻을 해당하는 번호의 빈칸에 알맞게 써 보세요.

| ① 让 | ② 解决 | ③ 应该 | ④ 瓶 |
| ⑤ 咱们 | ⑥ 啤酒 | ⑦ 校长 | ⑧ 年轻 |

❶ 한어병음 _____   뜻 _____   ❷ 한어병음 _____   뜻 _____

❸ 한어병음 _____   뜻 _____   ❹ 한어병음 _____   뜻 _____

❺ 한어병음 _____   뜻 _____   ❻ 한어병음 _____   뜻 _____

❼ 한어병음 _____   뜻 _____   ❽ 한어병음 _____   뜻 _____

3 대화가 완성될 수 있도록 문장을 알맞게 연결해 보세요.

① 谢谢!
Xièxie!

② 先生，让一下，好吗?
Xiānsheng, ràng yíxià, hǎo ma?

③ 好吃吗?
Hǎochī ma?

④ 你们这里的拿手菜是什么?
Nǐmen zhèli de náshǒu cài shì shénme?

A 东坡肉。
Dōngpōròu.

B 您尝尝就知道了。
Nín chángchang jiù zhīdào le.

C 好的，咱们换一下。
Hǎo de, zánmen huàn yíxià.

D 没事儿。
Méi shìr.

4 주어진 단어를 어순에 맞게 배열하고, 문장 전체를 해석해 보세요.

① 我 校长 得 商量商量 跟

문장 : _____。

뜻 : _____.

② 啤酒 什么 外 青岛啤酒 还有 除了

문장 : _____?

뜻 : _____?

③ 年轻人 雪花啤酒 喜欢 比较

문장 : _____。

뜻 : _____.

④ 校长 原谅 会 吗 他

문장 : _____?

뜻 : _____?

발음·성조 클리닉

📖 중국 고전을 읽으며 발음과 성조를 연습해 보세요. 🎧 08-06

1 《쟁보은(争报恩 Zhēngbào'ēn)》

Lù yáo zhī mǎlì, rì jiǔ jiàn rénxīn.

路遥知马力，日久见人心。
길이 멀어야 말의 힘을 알 수 있고, 사람은 오래 사귀어 보아야 그 마음을 알 수 있다.

2 《악부시집·장가행(乐府诗集·长歌行 Yuèfǔ shījí Chánggēxíng)》

Shàozhuàng bù nǔlì, lǎodà tú shāngbēi.

少壮不努力，老大徒伤悲。
젊어서 노력하지 않으면 늙어서 하염없이 슬퍼하게 된다.

3 《손자병법(孙子兵法 Sūnzǐ Bīngfǎ)》

Zhī jǐ zhī bǐ, bǎizhàn bú dài.

知己知彼，百战不殆。
자신을 알고 상대를 알면, 백 번 싸워도 위태롭지 않다.

4 《순자·권학편(荀子·劝学篇 Xúnzǐ Quànxuépiān)》

Qīng, qǔ zhī yú lán ér qīng yú lán;
bīng, shuǐ wéi zhī ér hán yú shuǐ.

青，取之于蓝而青于蓝；冰，水为之而寒于水。
푸른 물감은 쪽에서 나왔지만 쪽보다 더 푸르고,
얼음은 물에서 나왔지만 물보다 더 차다.

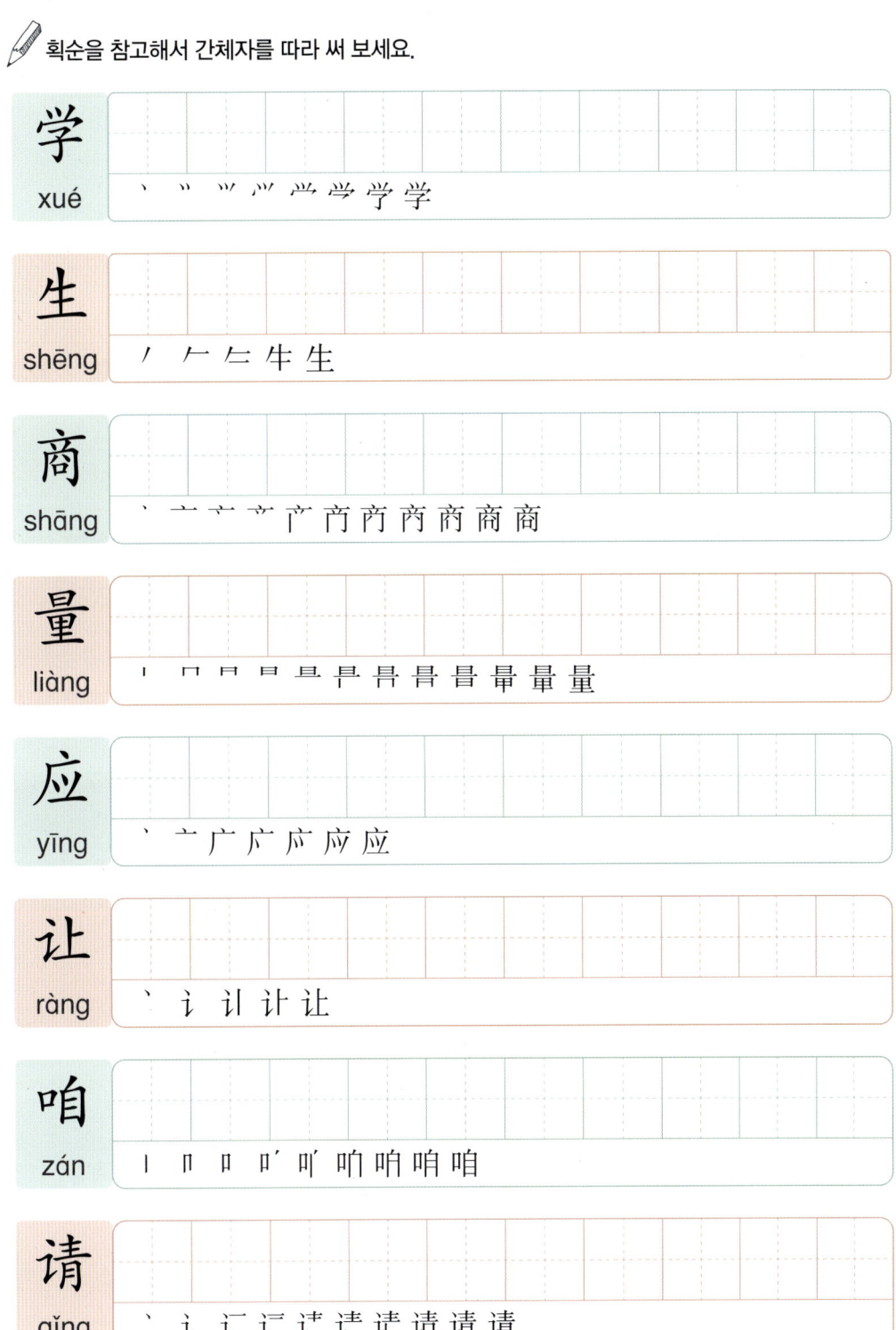

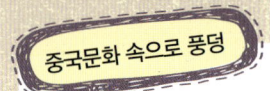

중국의 술자리 문화

중국은 우리와 가까운 이웃 나라니까 술 문화도 우리와 비슷하겠거니 하고 필자는 생각했었다. 그런데……
그게 아니었다. 실전에서 보니 다른 점이 많았다. 필자뿐 아니라 중국인들과 술자리를 가져 본 사람이라면 '술자리 3종 세트'로 인해 기분 상했던 기억이 한 번쯤은 꼭 있을 것이다.
그렇다면 여기서 말하는 술자리 3종 세트란?

첫째! 상대방의 연배와 상관없이 한 손으로 따르기
둘째! 술이 아직 남은 술잔에 첨잔하기
셋째! 술잔이 비었어도 술 안 따라주기

설마 그러랴 하겠지만 사실이다. 처음에는 '지금 장난치나?' 혹은 '예의도 없이!'하는 생각에 기분이 상할 수 있지만, 이는 중국의 술자리 문화를 제대로 알지 못하여 생기는 오해이다. 중국인들은 자기 술은 자기가 알아서 따라 마시는 습관이 있기 때문에 술잔이 비면 누가 따라줄 때까지 기다리지 않고 자연스럽게 자기 잔을 채운다. 또한 상대방의 술잔이 조금이라도 비면 계속 잔을 채워 주는 첨잔 문화도 있다. 한국인들은 가까운 사이임을 증명할 때 자신의 잔을 상대방에게 돌리기도 하는데, 중국인들은 아무리 사이가 좋아도 술잔을 돌리는 법은 없다. 그러니 잘해 보자는 뜻으로 '제 술 한잔 받으시지요.'하며 중국인에게 자신의 잔을 돌리는 일은 하지 않는 것이 좋다.

그렇다면 중국인들과 술자리를 할 때 꼭 지켜야 할 예절에는 어떤 것이 있을까? 중국인은 술자리를 시작할 때 세 잔을 연속해서 건배(干杯 gānbēi)하는데, 이는 거의 정해진 의식처럼 행해지는 것으로 첫 세 잔을 건배한 후부터는 자기 주량만큼 편하게 마시면 된다. 만약 술을 못 마시거나 컨디션이 안 좋은 경우에는 차로써 술을 대신하겠다(以茶代酒 yǐ chá dài jiǔ)고 하면 상대방도 더 강요하지 않는다.
술을 권할 때(敬酒 jìng jiǔ)는 술잔을 들고 일어나서 두 손으로 권하는 것이 예의이다. 상대방이 멀리 앉아 있을 경우에는 굳이 잔을 부딪치지 않고 술잔으로 탁자를 가볍게 탁 쳐 주면 건배의 뜻이 된다.

마지막으로 중국에서는 우리처럼 2차, 3차 자리를 옮기면서 온밤을 지새워 술을 마시는 경우가 거의 없다는 것을 기억해 두자.

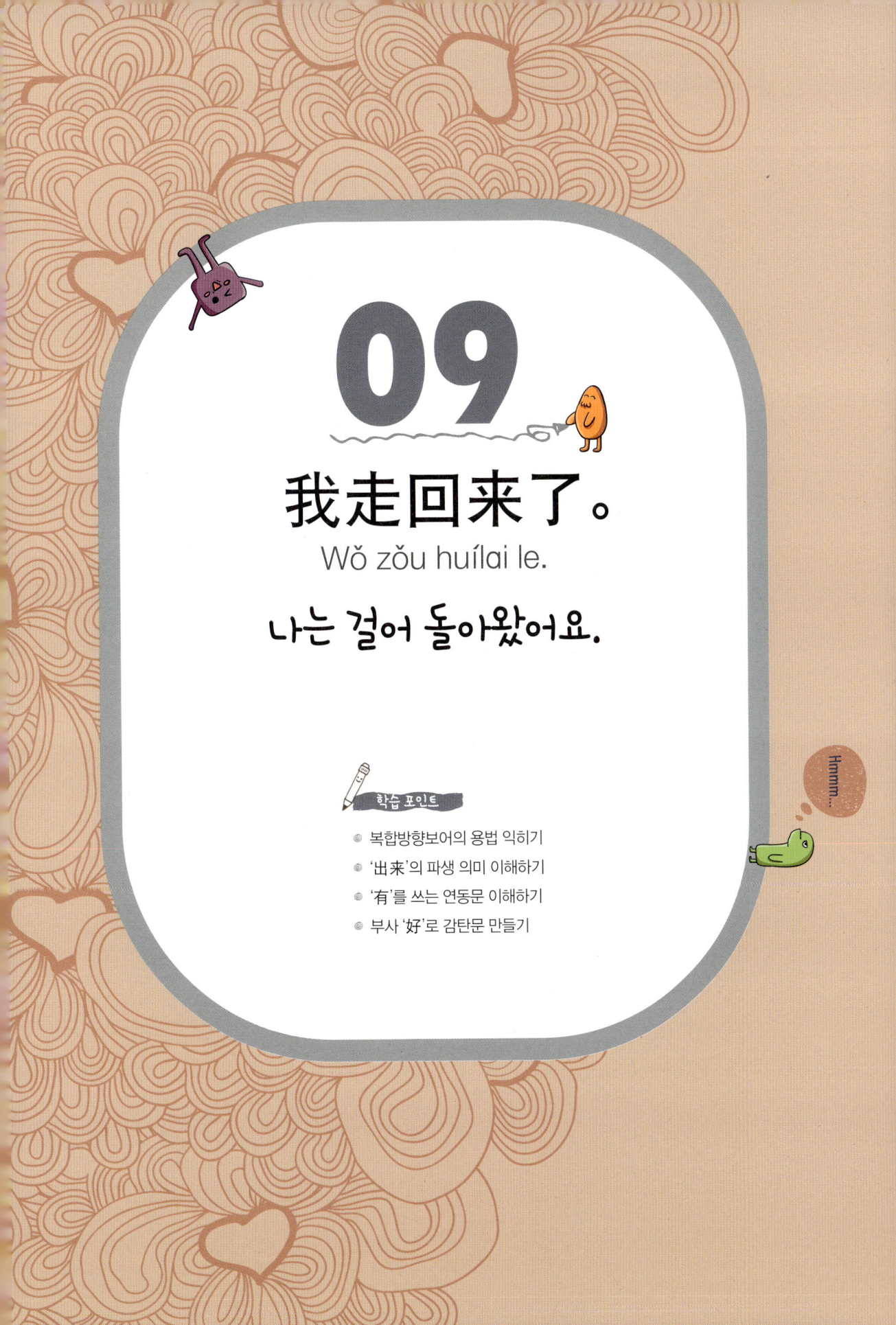

나의 회화 수첩

 상황 1 가끔은 해가 서쪽에서도 뜬다? 🎧 09-01

张金喜 你怎么出这么多汗?
Nǐ zěnme chū zhème duō hàn?

乐 天 妈妈，我从学校走回来了。
Māma, wǒ cóng xuéxiào zǒu huílai le.

张金喜 你走回来了? 为什么不坐公共汽车呢?
Nǐ zǒu huílai le? Wèishénme bú zuò gōnggòngqìchē ne?

乐 天 我想锻炼锻炼身体。
Wǒ xiǎng duànliàn duànliàn shēntǐ.

张金喜 哟! 太阳从西边出来了!
Yō! Tàiyáng cóng xībian chūlai le!

出汗 chūhàn 통 땀이 나다 | 为什么 wèishénme 무엇 때문에, 왜 | 锻炼 duànliàn 통 단련하다, 운동하다 | 哟 yō 감 오 [가벼운 놀라움을 나타냄] | 太阳 tàiyáng 명 태양, 해 | 西边 xībian 명 서쪽

 상황 2 쉬우면서도 어려운 말 🎧 09-02

民 俊 松怡，我有话想跟你说。
Sōngyí, wǒ yǒu huà xiǎng gēn nǐ shuō.

松 怡 说吧，什么话?
Shuō ba, shénme huà?

民 俊 那个…… 唉，不说了。
Nàge… Āi, bù shuō le.

松 怡 我给你三秒时间，你快说出来吧。
Wǒ gěi nǐ sān miǎo shíjiān, nǐ kuài shuō chūlai ba.

话 huà 명 말 | 唉 āi 감 에이 [탄식의 어감을 나타냄] | 秒 miǎo 양 초

106

 생일 축하합니다! 09-03

乐 天 **妈妈，祝您生日快乐！**
Māma, zhù nín shēngrì kuàilè!

张金喜 **哇！好漂亮的蛋糕啊！**
Wā! Hǎo piàoliang de dàngāo a!

乐 天 **这是爸爸买回来的。**
Zhè shì bàba mǎi huílai de.

张金喜 **是吗？谢谢，老公。**
Shì ma? Xièxie, lǎogōng.

乐 天 **妈妈，你快闭上眼睛啊！**
Māma, nǐ kuài bìshang yǎnjing a!

张金喜 **干吗？**
Gànmá?

乐 天 **许愿呀！**
Xǔyuàn ya!

张金喜 **好的。**
Hǎo de.

生日 shēngrì 명 생일 | **快乐** kuàilè 형 즐겁다, 행복하다 | **好** hǎo 부 동사나 형용사 앞에서 정도를 강조하며 감탄의 뜻을 나타냄 | **蛋糕** dàngāo 명 케이크 | **闭** bì 동 닫다 | **干吗** gànmá 대 어째서, 왜 | **许愿** xǔyuàn 동 소원을 빌다 | **呀** ya 조 '啊'가 앞 음절 운모 (a, e, i, o, u)의 영향을 받아 변화된 음을 표기하기 위한 글자

어법 노하우 대 공개

복합방향보어

복합방향보어는 방향동사 '上', '下', '进', '出', '回', '过', '起' 뒤에 '来'나 '去'가 붙은 형식의 보어를 말하며, 단순방향보어보다 좀 더 구체적으로 동작의 방향을 설명한다.

	上	下	进	出	回	过	起
来	上来 shànglai 올라오다	下来 xiàlai 내려오다	进来 jìnlai 들어오다	出来 chūlai 나오다	回来 huílai 돌아오다	过来 guòlai 건너오다	起来 qǐlai 일어나다
去	上去 shàngqu 올라가다	下去 xiàqu 내려가다	进去 jìnqu 들어가다	出去 chūqu 나가다	回去 huíqu 돌아가다	过去 guòqu 건너가다	—

他走回来了。 그는 걸어 돌아왔어요.
Tā zǒu huílai le.

她跑进去了。 그녀는 뛰어들어갔어요.
Tā pǎo jìnqu le.

① **복합방향보어의 용법**

문장에 등장하는 목적어가 장소명사일 경우, 목적어는 반드시 '来'나 '去'의 앞에 놓아야 한다.

老师走进教室来了。
Lǎoshī zǒu jìn jiàoshì lai le.
선생님은 교실로 걸어 들어오셨어요.

他跑回家去了。
Tā pǎo huí jiā qu le.
그는 집으로 뛰어서 돌아갔어요.

목적어가 일반명사일 경우, 목적어는 '来'나 '去'의 앞뒤 모두에 위치할 수 있다.

爸爸买回很多水果来。 아빠가 과일을 많이 사 오셨어요.
Bàba mǎi huí hěn duō shuǐguǒ lai.

= 爸爸买回来很多水果。
Bàba mǎi huílai hěn duō shuǐguǒ.

② **복합방향보어와 동태조사 '了'**

문장에 목적어가 없을 경우, '了'는 동사 뒤나 복합방향보어 뒤 모두에 올 수 있다.

孩子们都跑了出去。 아이들은 모두 뛰어나갔어요.
Háizimen dōu pǎole chūqu.

= 孩子们都跑出去了。
Háizimen dōu pǎo chūqu le.

문장에 목적어가 있을 경우, 목적어의 위치에 상관없이 '了'는 복합방향보어의 뒤에 위치하며 동사 뒤에는 올 수 없다.

我带回来了几件衣服。
Wǒ dài huílaile jǐ jiàn yīfu.
나는 옷을 몇 벌 가져왔어요.

爸爸买回蛋糕来了。
Bàba mǎi huí dàngāo lai le.
아빠가 케이크를 사 오셨어요.

'出来'의 파생 의미

복합방향보어 '出来'는 '나오다'라는 기본적인 뜻 외에 파생된 의미로 쓰이기도 한다.

① 안에서 밖으로 나타남(숨겨진 것이 드러남)

你快说出来吧。 너 얼른 말해 봐.
Nǐ kuài shuō chūlai ba.

② 없던 것에서 새로운 것이 생겨남

我想出来一个办法。 한 가지 방법이 떠올랐어요.
Wǒ xiǎng chūlai yí ge bànfǎ.

③ 동작을 통해 사람이나 사물을 식별함

我认出张老师来了。 나는 장 선생님을 알아봤어요.
Wǒ rèn chū Zhāng lǎoshī lai le.

④ [형용사 多/大/高/长 + 出来] : 일정 기준을 초과하다

怎么多出来三个? 어떻게 세 개나 더 나온 거죠?
Zěnme duō chūlai sān ge?

'有'를 쓰는 연동문

'有+명사+想+동사' 형식으로 연동문을 만들 수 있으며, '~하고 싶은 ~이/가 있다'라는 뜻이다.

我有话想跟你说。
Wǒ yǒu huà xiǎng gēn nǐ shuō.
너에게 하고 싶은 말이 있어.

我有个问题想跟老师商量。
Wǒ yǒu ge wèntí xiǎng gēn lǎoshī shāngliang.
저는 선생님께 상의 드리고 싶은 문제가 있어요.

'好'를 쓰는 감탄문

부사 '好'는 감탄문에 쓰여 정도가 심함을 강조한다. 보통 동사나 형용사 앞에 쓰인다.

这个公园好大呀!
Zhège gōngyuán hǎo dà ya!
이 공원 정말 크군요!

好美的雪景啊!
Hǎo měi de xuějǐng a!
얼마나 아름다운 설경인가!

새 단어

水果 shuǐguǒ 몡 과일 | 孩子 háizi 몡 아이, 어린이 | 办法 bànfǎ 몡 방법 | 认 rèn 동 식별하다, 알아보다 | 雪景 xuějǐng 몡 설경

숨겨 둔 문장 실력

▶ 바꿔서 말해 보고, 이를 활용해 대화를 나눠 보세요.   🎧 09-04

하나 我从学校走回来了。
　　　　火车站　跑
　　　　图书馆　骑
　　　　对岸　　游

실력 up!
A 我从学校走回来了。
B 你走回来了?

火车站 huǒchēzhàn 기차역 | 跑 pǎo 달리다 | 骑 qí (자전거를) 타다 | 对岸 duì'àn 맞은편 기슭 | 游 yóu 헤엄치다

둘 我有话想跟你说。
　　　　一件事儿　跟你商量
　　　　一个秘密　告诉你
　　　　一条裤子　送给你

실력 up!
A 有什么事儿?
B 我有话想跟你说。

一件事儿 yí jiàn shìr 한 가지 일 | 一个秘密 yí ge mìmì 한 가지 비밀 | 告诉你 gàosu nǐ 너에게 말하다 | 一条裤子 yì tiáo kùzi 바지 한 벌 | 送给你 sòng gěi nǐ 너에게 주다

셋 哇! 好漂亮的蛋糕啊!
　　　　衣服
　　　　花
　　　　娃娃

실력 up!
A 哇! 好漂亮的蛋糕啊!
B 这是爸爸买回来的。

衣服 yīfu 옷 | 花 huā 꽃 | 娃娃 wáwa 인형

단어 플러스

선물하기 좋은 것들

香水 xiāngshuǐ 향수 | 化妆品 huàzhuāngpǐn 화장품 | 围巾 wéijīn 스카프 | 情侣睡衣 qínglǚ shuìyī 커플 잠옷 | 手表 shǒubiǎo 손목 시계 | 购物券 gòuwùquàn 상품권 | 钱包 qiánbāo 지갑 | 手提包 shǒutíbāo 핸드백 | 花篮 huālán 꽃바구니 | 项链 xiàngliàn 목걸이 | 戒指 jièzhi 반지

나만의 복습 다이어리

"I'll be back."하고 떠났다가 다시 돌아온 터미네이터도 아닌데, 오늘 방향보어가 다시 등장한 거 있지. 한 단계 업그레이드 된 복합방향보어로 말이야!

복합방향보어는 쉽게 말해서 단순방향보어보다 동작을 더 구체적으로 설명해 준다고 생각하면 돼. 그럼 이쯤에서 단순방향보어와 복합방향보어를 예문으로 한번 비교해 볼까?

'돌아오다.'는 '回来。Huílai.' → 여기서 '来'는 단순방향보어.

'걸어 돌아오다.'는 '走回来。Zǒu huílai.' → 여기서 '回来'는 복합방향보어.

복합방향보어를 쓸 때도 역시나 장소 목적어의 위치가 중요한데, 장소 목적어가 나오면 어디에 위치한다고 했더라? 정답! '来'나 '去'의 앞이라고 했지!

그렇다면 장소 목적어로 '家'를 사용한 예를 하나 들어 보자~

 그녀는 집으로 뛰어들어왔어요. 她跑进家来了。 Tā pǎo jìn jiā lai le.

복합방향보어 중 '出来 chūlai'는 원래의 뜻인 '나오다' 외에 여러 가지 파생된 의미로도 쓰이는데, '어서 말해 봐!'처럼 속으로만 갖고 있는 말을 꺼내 보라고 할 땐 '快说出来吧。Kuài shuō chūlai ba.'라고 하면 돼.

마지막으로 하나 더! '好 hǎo'는 부사로 변신해 감탄문에 쓰여 뒤에 오는 형용사의 정도를 강조해줄 수 있어. 예를 들어 보자~ 생일을 맞아 케이크를 선물 받았다면?

와! 정말 예쁜 케이크구나! 哇! 好漂亮的蛋糕啊! Wā! Hǎo piàoliang de dàngāo a!

후훗~ 케이크를 예문으로 만드니 케이크가 먹고 싶은 걸~!

즉문즉답

Q 선생님, '想出来'와 '想起来'는 같은 뜻인가요?

A 아닙니다. 다른 뜻을 갖고 있습니다.

'想出来'와 '想起来'는 언뜻 보면 모두 '생각나다'라는 뜻 같지만, '出来'와 '起来'가 각각 다른 뜻을 만들어 주지요. '想出来'는 새로운 아이디어를 생각해내는 것을, '想起来'는 원래 알고 있던 사실을 잠시 잊었다가 다시 기억해내는 것을 표현한답니다. 예문으로 확인해 볼까요?

我也想出来了。 Wǒ yě xiǎng chūlai le. 나도 아이디어가 떠올랐어요.
他是谁? 你想起来了? Tā shì shéi? Nǐ xiǎng qǐlai le? 저 사람 누구야? 너 생각났어?

차근차근 실력 확인

1 잘 듣고 그림과 녹음 내용이 일치하면 O표, 일치하지 않으면 X표를 해 보세요. 🎧 09-05

①

( )

②

( )

③

( )

④

( )

2 아래 단어의 한어병음과 뜻을 해당하는 번호의 빈칸에 알맞게 써 보세요.

| ① 生日 | ② 锻炼 | ③ 秒 | ④ 闭 |
| ⑤ 太阳 | ⑥ 西边 | ⑦ 许愿 | ⑧ 出汗 |

❶ 한어병음 _____ 뜻 _____   ❷ 한어병음 _____ 뜻 _____

❸ 한어병음 _____ 뜻 _____   ❹ 한어병음 _____ 뜻 _____

❺ 한어병음 _____ 뜻 _____   ❻ 한어병음 _____ 뜻 _____

❼ 한어병음 _____ 뜻 _____   ❽ 한어병음 _____ 뜻 _____

3 대화가 완성될 수 있도록 문장을 알맞게 연결해 보세요.

① 你为什么走回来了?
Nǐ wèishénme zǒu huílai le?

② 说吧，什么话?
Shuō ba, shénme huà?

③ 好漂亮的蛋糕啊!
Hǎo piàoliang de dàngāo a!

④ 祝你生日快乐!
Zhù nǐ shēngrì kuàilè!

A 唉，不说了。
Āi, bù shuō le.

B 这是爸爸买回来的。
Zhè shì bàba mǎi huílai de.

C 谢谢!
Xièxie!

D 我想锻炼锻炼身体。
Wǒ xiǎng duànliàn duànliàn shēntǐ.

4 주어진 단어를 어순에 맞게 배열하고, 문장 전체를 해석해 보세요.

① 从学校　回　我　走　来　家　了

　문장 : _____。

　뜻 : _____.

② 我　想　有话　说　跟你

　문장 : _____。

　뜻 : _____.

③ 为什么　呢　不　公共汽车　坐

　문장 : _____?

　뜻 : _____?

④ 你　上　闭　快　啊　眼睛

　문장 : _____!

　뜻 : _____!

발음·성조 클리닉

중국 영화 속 명대사를 읽으며 발음과 성조를 연습해 보세요. 🎧 09-06

1 「Breaking the silence」 (원제: 漂亮妈妈 Piàoliang Māma)

Bié chóuméikǔliǎn de, chē dào shān qián bì yǒu lù.

别愁眉苦脸的，车到山前必有路。
죽을상 하지 마. 어떻게든 방법은 있어.

2 「음식남녀」 (원제: 饮食男女 Yǐnshí Nánnǚ)

Rénshēng bù néng xiàng zuò cài,
bǎ suǒyǒu de liào dōu zhǔnbèi hǎo le cái xià guō.

人生不能像做菜，把所有的料都准备好了才下锅。
인생은 요리와는 달라서, 온갖 재료가 다 준비된 후에 시작할 수 있는 게 아니야.

3 「5일의 마중」 (원제: 归来 Guīlái)

Xiāngrúyǐmò shì rénshēng zuì dà de xìngfú.

相濡以沫是人生最大的幸福。
곤경 속에서도 서로 돕고 의지하며 사는 것이 인생의 가장 큰 행복이야.

4 「패왕별희」 (원제: 霸王别姬 Bàwángbiéjī)

Yào xiǎng rén qián xiǎnguì, nǐ bìděi rén hòu shòuzuì.

要想人前显贵，你必得人后受罪。
다른 사람들에게 귀한 대접을 받으려면 그만큼 남모르는 괴로움을 겪어야 하지.

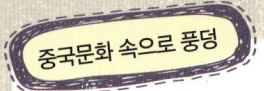

장수면 한 그릇 추가요!

무릇 한국인이라면 상에 올려진 미역국(海带汤 hǎidàitāng)을 보고 바로 누군가의 생일을 떠올리기 마련인데, 그렇다면 중국인에게도 생일을 떠올리게 하는 음식이 있을까? 혹시 그들도 우리처럼 생일날 미역국을 먹을까?

땡! 중국인들은 생일에 미역국을 먹지 않는다. 대신 그들은 장수면(长寿面 chángshòumiàn)이라는 이름의 국수를 먹는다. 장수면은 이름 그대로 긴 국수 가락처럼 무탈하게 오래 살기를 기원하는 뜻으로 먹는 생일 음식이다. 따라서 장수면을 먹을 때는 국수 가락이 너무 길다고 가위를 들이대며 싹둑 잘라 버리는 불경을 저질러선 안 된다.

중국인들은 우리가 흔히 먹는 잔치국수처럼 고명을 올리거나 짜장면처럼 비빔면 형태로 양념을 얹는 등 개인의 취향에 따라 맛있게 장수면을 요리해 먹는다.

이 외에 중국인들 역시 생일에는 케이크(蛋糕 dàngāo)를 나누어 먹으며 생일 파티를 하는데, 생일 케이크의 촛불을 끄기 전 잠깐 동안 자신의 소망을 비는 기도를 하는 것을 '许愿 xǔyuàn'이라고 한다.

자, 그럼 이제 생일을 맞은 중국 친구에게 '생일 축하해요!(祝你生日快乐! Zhù nǐ shēngrì kuàilè!)'라고 축하해 주고 장수면을 한번 먹어 볼까?

여기서 잠깐! 한국에서는 산모가 아기를 낳으면 미역국을 먹으며 산후 조리를 하는데, 그렇다면 중국의 산모들은 장수면을 먹으며 산후 조리를 하는 걸까? 필자가 중국 친구들에게 들은 바로는 중국의 산모들은 산후 조리를 할 때 삶은 계란과 좁쌀 죽을 먹는데, 계란을 먹을 때는 소금을 찍지 않고 싱겁게 먹는다고 한다.

10

现在能买得到。
Xiànzài néng mǎi de dào.

지금 살 수 있어요.

학습 포인트

- 가능보어의 용법 익히기
- 자주 쓰는 가능보어 외우기
- '够……的' 활용하기
- 접속사 '要不'의 용법 익히기

 나의 회화 수첩

 먹는 즐거움이 최고야~ 🎧 10-01

松怡 **点了这么多菜，我们俩能吃得了吗？**
Diǎnle zhème duō cài, wǒmen liǎ néng chī de liǎo ma?

民俊 **才点了四个菜，不多。**
Cái diǎnle sì ge cài, bù duō.

松怡 **那好吧，吃不了就打包。**
Nà hǎo ba, chī bu liǎo jiù dǎbāo.

点 diǎn 동 주문하다 | 菜 cài 명 요리 | 俩 liǎ 수량 두 사람 | 了 liǎo 동 동사 뒤에서 '得', '不'와 연용하여 가능 여부를 나타냄 | 打包 dǎbāo 동 포장하다

 군대에 갔다 와야 진짜 사나이! 🎧 10-02

乐天 **哎呀！累了，走不动了。**
Āiyā! Lèi le, zǒu bu dòng le.

金泰山 **你这么快就累了？爸爸当兵的时候……**
Nǐ zhème kuài jiù lèi le? Bàba dāng bīng de shíhou…

乐天 **爸爸，你又来了？**
Bàba, nǐ yòu lái le?

金泰山 **你这小子！男人嘛……**
Nǐ zhè xiǎozi! Nánrén ma…

乐天 **当过兵才是真正的男子汉大丈夫。**
Dāngguo bīng cái shì zhēnzhèng de nánzǐhàn dàzhàngfu.

哎呀 āiyā 감 아이고 [놀람이나 불만을 나타냄] | 累 lèi 형 피곤하다, 지치다 | 动 dòng 동 움직이다 | 当兵 dāng bīng 동 군대에 가다 | 的时候 de shíhou ~할 때 | 小子 xiǎozi 명 놈, 녀석 | 真正 zhēnzhèng 형 진정한 | 男子汉 nánzǐhàn 명 사내 대장부 | 大丈夫 dàzhàngfu 명 사내 대장부 ▶보통 '男子汉大丈夫'로 이어 씀

상황 ❸ 엄마는 조슈아 벨의 광팬 🔊 10-03

张金喜 **老公，下星期有约书亚·贝尔的演奏会。**
Lǎogōng, xià xīngqī yǒu Yuēshūyà Bèi'ěr de yǎnzòuhuì.

金泰山 **是吗? 你想去看看?**
Shì ma? Nǐ xiǎng qù kànkan?

张金喜 **当然了。我是他的粉丝嘛。**
Dāngrán le. Wǒ shì tā de fěnsī ma.

金泰山 **他的演奏会门票现在能买得到吗?**
Tā de yǎnzòuhuì ménpiào xiànzài néng mǎi de dào ma?

张金喜 **喏，我已经买到了。**
Nuò, wǒ yǐjīng mǎidào le.

金泰山 **你的动作够快的啊。**
Nǐ de dòngzuò gòu kuài de a.

张金喜 **当然要快，要不就买不到了。**
Dāngrán yào kuài, yàobù jiù mǎi bu dào le.

演奏会 yǎnzòuhuì 명 연주회 | **粉丝** fěnsī 명 팬 [fan] | **门票** ménpiào 명 입장권 | **喏** nuò 감 자, 여기 [상대방에게 자기가 가리키는 사물을 환기시킴] | **动作** dòngzuò 명 동작 동 행동하다 | **够** gòu 부 매우 | **要不** yàobù 접 그렇지 않으면
● **约书亚·贝尔** Yuēshūyà Bèi'ěr 조슈아 벨 [미국의 유명 바이올리니스트]

어법 노하우 대 공개

가능보어

가능보어는 동사 뒤에서 그 동작의 실현이 가능한가를 설명해 주는 보어이다.

① 주요 용법

동사와 결과보어 사이 혹은 동사와 방향보어 사이에 '得'나 '不'를 써서 가능보어를 만든다. '得'는 긍정형에, '不'는 부정형의 문장에 사용된다.

[동사+得/不+결과보어]

我听得懂上海话。
Wǒ tīng de dǒng Shànghǎihuà.
나는 상하이 말을 알아들을 수 있어요.

我累了，走不动了。
Wǒ lèi le, zǒu bu dòng le.
피곤해서 걸을 수가 없어요.

[동사+得/不+방향보어]

我们今天回得去。
Wǒmen jīntiān huí de qu.
우리는 오늘 돌아갈 수 있어요.

我毕业很久了，记不起来。
Wǒ bìyè hěn jiǔ le, jì bu qǐlai.
졸업한 지 오래되어서 기억할 수 없어요.

어떤 일을 완료 혹은 처리할 능력이 있거나 없을 경우, '得/不+동사 了 liǎo'를 사용하여 가능보어를 만든다.

[동사+得/不+了 liǎo]

这么多菜，你吃得了吗？
Zhème duō cài, nǐ chī de liǎo ma?
이렇게 많은 음식을 먹을 수 있어?

今天我有急事儿，去不了了。
Jīntiān wǒ yǒu jí shìr, qù bu liǎo le.
오늘 급한 일이 있어서 갈 수 없어요.

② 가능보어와 조동사 '能', '可以'

가능보어의 긍정형에 조동사 '能', '可以'를 써서 동작을 실현할 수 있는 능력이 있음을 나타낼 수 있다.

这张桌子我们能搬得动。
Zhè zhāng zhuōzi wǒmen néng bān de dòng.
이 책상은 우리가 옮길 수 있어요.

路不远，我可以走得回去。
Lù bù yuǎn, wǒ kěyǐ zǒu de huíqu.
길이 멀지 않으니 나는 걸어서 돌아갈 수 있어.

③ 의문형

문장 끝에 의문조사 '吗'를 붙이거나 긍정형과 부정형을 병렬하여 정반의문문을 만들 수 있다.

这些东西你们搬得动吗？
Zhèxiē dōngxi nǐmen bān de dòng ma?
이 물건들을 너희들이 옮길 수 있어?

门打得开打不开？
Mén dǎ de kāi dǎ bu kāi?
문 열 수 있어요, 없어요?

④ 자주 쓰는 가능보어

到 dào	목적 달성 가능의 여부를 나타냄	票还有很多，买得到。 Piào hái yǒu hěn duō, mǎi de dào.	표가 아직 많아서 살 수 있어요.
动 dòng	동작이 가능한지의 여부를 나타냄	他腿疼，跑不动了。 Tā tuǐ téng, pǎo bu dòng le.	그는 다리가 아파서 뛸 수 없어요.
及 jí	주어진 시간 안에 달성이 가능한지의 여부를 나타냄	现在去还来得及。 Xiànzài qù hái lái de jí.	지금 가도 아직 늦지 않아요.
下 xià	일정한 공간에 수용 가능한지의 여부를 나타냄	这个教室能坐得下十个人。 Zhège jiàoshì néng zuò de xià shí ge rén.	이 교실에는 열 명이 앉을 수 있어요.
起 qǐ	어떤 일을 할 수 있는 능력이 있는지의 여부를 나타냄	这么贵的东西，我买不起。 Zhème guì de dōngxi, wǒ mǎi bu qǐ.	이렇게 비싼 것은 살 수 없어요.
出来 chūlai	어떤 것을 식별해낼 수 있는지의 여부를 나타냄	她一时看不出来。 Tā yìshí kàn bu chūlai.	그녀는 순간 알아볼 수 없었어요.

够……的

'够……的'는 '매우 ~하다'라는 뜻으로, 정도가 매우 심함을 나타낸다.

走了一天，够累的。
Zǒule yì tiān, gòu lèi de.
하루 종일 걸었더니 너무 피곤해요.

今天真够冷的。
Jīntiān zhēn gòu lěng de.
오늘 정말 춥네.

접속사 '要不'

'要不'는 '그렇지 않으면'이라는 뜻으로, 문장 앞에 위치한다. 어떤 의견을 제안하거나 권유할 때 사용할 수 있다.

你快去吧，要不赶不上火车了。 얼른 가세요. 그렇지 않으면 기차를 놓칠 거예요.
Nǐ kuài qù ba, yàobù gǎn bu shàng huǒchē le.

要不这样吧，今天休息，明天再做。 아니면 이렇게 합시다. 오늘은 쉬고 내일 다시 하자고요.
Yàobù zhèyàng ba, jīntiān xiūxi, míngtiān zài zuò.

새 단어

久 jiǔ 형 오래되다 | 记 jì 동 기억하다 | 急 jí 형 급하다 | 门 mén 명 문 | 打开 dǎkāi 동 열다 | 一时 yìshí 부 잠시, 순간
赶 gǎn 동 뒤쫓다, 따라가다

숨겨 둔 문장 실력

▶ 바꿔서 말해 보고, 이를 활용해 대화를 나눠 보세요. 🎧 10-04

하나 吃不了就打包。

过　　　重考
去　　　不去
喝　　　带走

A 我们吃不了怎么办？
B 吃不了就打包。

过 guò 통과하다 ｜ 重考 chóng kǎo 재시험을 보다 ｜ 喝 hē 마시다 ｜ 带走 dàizǒu 가지고 가다

둘 哎呀，累了，走不动了。

回不去
看不下去
睡不着

A 你怎么了？
B 哎呀，累了，走不动了。

回不去 huí bu qu 돌아갈 수 없다 ｜ 看不下去 kàn bu xiàqu 계속 볼 수 없다 ｜ 睡不着 shuì bu zháo 잠을 잘 수 없다

셋 演奏会门票现在能买得到吗？

电影票
火车票
机票

A 演奏会门票现在能买得到吗？
B 当然能买得到。

电影票 diànyǐng piào 영화 표 ｜ 火车票 huǒchē piào 기차 표 ｜ 机票 jī piào 비행기 표

단어 플러스

외국인 이름의 중국어 표기

贝拉克·奥巴马 Bèilākè Àobāmǎ 버락 오바마 ｜ 比尔·盖茨 Bǐ'ěr Gàicí 빌 게이츠 ｜ 金·凯瑞 Jīn Kǎiruì 짐 캐리 ｜ 瑞秋·麦克亚当斯 Ruìqiū Màikèyàdāngsī 레이첼 맥아담스 ｜ 莫扎特 Mòzhātè 모차르트 ｜ 凡·高 Fán Gāo 반 고흐 ｜ 克里斯蒂亚诺·罗纳尔多 Kèlǐsīdìyànuò Luónà'ěrduō 크리스티아누 호날두 ｜ 尤塞恩·博尔特 Yóusāi'ēn Bó'ěrtè 우사인 볼트

나만의 복습 다이어리

오늘은 드디어 보어의 마지막 편! 그 주인공은 바로 가능보어!
가능보어는 어떤 동작을 실현할 수 있는지 없는지를 나타내는 보어인데, 다른 보어들과는 성격이 좀 달라.
가능보어가 될 수 있는 건 특이하게도 결과보어와 방향보어이지.

가능보어를 만들 때도 정도보어를 만들 때처럼 조사 '得 de'가 필요한데, 정도보어와는 다르게 쓰이니까
주의해야 해. 그럼 긍정형과 부정형 문장을 하나씩 만들어 볼까?

 나는 중국어를 알아들을 수 있어요. 我听得懂汉语。 Wǒ tīng de dǒng Hànyǔ.

이렇게 많은 음식을 난 먹을 수 없어. 这么多菜我吃不了。 Zhème duō cài wǒ chī bu liǎo.

여기서 잠깐! 위의 두 번째 예문처럼 '了'가 동사일 때는 가능보어로 쓰일 수 있는데, 이때는 어떤 일을
완료하거나 처리할 능력이 있는지 여부를 나타낸대. 발음은 'le'가 아니라 'liǎo'라고 하는 것에 눈도장 꽝!

가능보어의 긍정형을 강조해서 동작을 실현할 능력이 있음을 표현할 때는 가능보어 앞에 조동사 '能 néng',
'可以 kěyǐ'를 써 주면 돼. 예를 들어 '살 수 있는 능력이 된다'라는 표현은 가능보어 형식에 조동사를 넣어서
'能买得到 néng mǎi de dào'라고 하면 되는 거지.

가능보어에 대해 이 정도만 알아도 성공 아닐까? 몇 과째 계속 보어의 바다를 헤엄치며 다녔더니 꿈에서도
보어가 나오고 있어……
이러다 나 보어 요정 되는 거 아냐? NO~ NO~ 보어야 내 꿈에 이제 나타나지 마~~

즉문즉답

Q 선생님, 가능보어의 부정형에는 '能', '可以'를 쓸 수 없는 건가요?

A 네. 가능보어의 부정형에는 조동사를 쓰지 않습니다.

가능보어는 어떤 동작의 실현 가능 여부를 설명하는 성분이지요. 가능보어의 긍정형에는 조동사 '能',
'可以'를 써서 동작을 실현할 수 있는 능력이 된다는 것을 나타낼 수 있지만, 가능보어의 부정형에는
동작을 실현할 수 없다는 뜻이 이미 들어 있기 때문에 능력을 나타내는 조동사를 써 줄 필요가 없답니다.

我吃不完。 Wǒ chī bu wán. (O) 나는 다 먹을 수 없어요.
我能吃不完。 (X)

차근차근 실력 확인

1 잘 듣고 그림과 녹음 내용이 일치하면 O표, 일치하지 않으면 X표를 해 보세요. 🎧 10-05

❶ (   )

❷ (   )

❸ (   )

❹ (   )

2 아래 단어의 한어병음과 뜻을 해당하는 번호의 빈칸에 알맞게 써 보세요.

| ① 打包 | ② 累 | ③ 演奏会 | ④ 门票 |
| ⑤ 动作 | ⑥ 粉丝 | ⑦ 当兵 | ⑧ 要不 |

❶ 한어병음 _____ 뜻 _____   ❷ 한어병음 _____ 뜻 _____

❸ 한어병음 _____ 뜻 _____   ❹ 한어병음 _____ 뜻 _____

❺ 한어병음 _____ 뜻 _____   ❻ 한어병음 _____ 뜻 _____

❼ 한어병음 _____ 뜻 _____   ❽ 한어병음 _____ 뜻 _____

3 대화가 완성될 수 있도록 문장을 알맞게 연결해 보세요.

① 演奏会门票现在能买得到吗?
Yǎnzòuhuì ménpiào xiànzài néng mǎi de dào ma?

② 爸爸当兵的时候……
Bàba dāng bīng de shíhou…

③ 累了，走不动了。
Lèi le, zǒu bu dòng le.

④ 点了这么多菜!
Diǎnle zhème duō cài!

A 爸爸，你又来了?
Bàba, nǐ yòu lái le?

B 你累了?
Nǐ lèi le?

C 才点了三个菜，不多。
Cái diǎnle sān ge cài, bù duō.

D 现在买不到。
Xiànzài mǎi bu dào.

4 주어진 단어를 어순에 맞게 배열하고, 문장 전체를 해석해 보세요.

① 能　我们　吗　俩　吃得了

문장 : _____?

뜻 : _____?

② 你　就　快　累　这么　了

문장 : _____?

뜻 : _____?

③ 当　才　兵　过　真正的　是　大丈夫

문장 : _____。

뜻 : _____.

④ 你的　够　快　啊　动作　的

문장 : _____!

뜻 : _____!

1○ 现在能买得到。　125

발음·성조 클리닉

중국 명사의 명언을 읽으며 발음과 성조를 연습해 보세요. 🎧 10-06

1 원쟈바오(温家宝 Wén Jiābǎo)

Xìnxīn bǐ huángjīn hé huòbì hái yào zhòngyào.

信心比黄金和货币还要重要。
믿음은 황금이나 돈보다 더 중요한 것이다.

2 빙신(冰心 Bīng Xīn)

Dúshū hǎo, duō dúshū, dú hǎo shū.

读书好，多读书，读好书。
독서는 좋은 것이니, 독서를 많이 하고, 좋은 책을 읽어라.

3 장아이링(张爱玲 Zhāng Àilíng)

Yǒu yì tiáo lù, měi ge rén fēi zǒu bù kě,
nà jiù shì niánqīng shíhou de wānlù.

有一条路，每个人非走不可，那就是年轻时候的弯路。
모두가 꼭 거치지 않으면 안 되는 길이 있는데,
그것은 바로 젊은 시절의 시행착오이다.

4 쑨중산(孙中山 Sūn Zhōngshān)

Zìjǐ yīng wéi zhī shì, wù qiú tārén;
jīnrì yīng wéi zhī shì, wù dài míngrì.

自己应为之事，勿求他人；今日应为之事，勿待明日。
내가 할 일을 남에게 부탁하지 말고, 오늘 할 일을 내일로 미루지 말라.

간체자와 친해지기

✏️ 획순을 참고해서 간체자를 따라 써 보세요.

俩 liǎ
丿 亻 仁 仃 仃 俩 俩 俩 俩

累 lèi
丨 冂 曰 田 田 累 累 累 累 累

动 dòng
一 二 云 云 云 动 动

票 piào
一 一 一 一 两 两 西 西 覀 票 票

现 xiàn
一 二 十 王 王 丑 现 现 现

当 dāng
丨 丨 丷 当 当 当

然 rán
丿 ク 夕 夕 夕 夕 外 外 然 然 然 然

够 gòu
丿 勹 勹 句 句 句 够 够 够 够 够

10 现在能买得到。　127

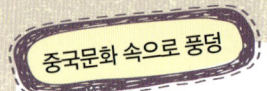

중국문화 속으로 풍덩

Coca Cola와 可口可乐

필자의 중국 생활 초창기 시절. 그땐 정말 중국어에 자신이 없어 솔직히 입 벌리기가 무서울 정도였다. 그러던 어느 날. 콜라가 너무 마시고 싶어 매점으로 달려가 "给我Cola。Gěi wǒ Cola. (콜라 주세요.)"라고 하니 "什么? Shénme? (뭐라고?)"하고 되묻는 직원. 그 후로도 몇 번이나 "Cola."를 외쳤음에도 불구하고 돌아오는 대답은 "什么?"뿐. 결국 손가락으로 "这个! Zhège! (이거요!)"하고 가리키니 그제야 "啊! 可乐! À! Kělè!"라고 하며 꺼내 주는 것이 아닌가? 그날 필자는 어렵사리 입수한 콜라를 마시는 내내 "아니 왜 콜라가 '可乐 kělè'야?"하며 얼마나 투덜거렸는지 모른다.

그래도 콜라는 양반이었다. 그 후 속속 출현하기 시작한 외래어들은 가히 고문 수준이었다. 특히 서양인의 이름을 말할 때의 그 막막함이란…… 누구나 알 만한 화가 피카소(Picasso)는 '毕加索 Bìjiāsuǒ'라 부르고, 영화 배우 오드리 햅번(Audrey Hepburn)은 '奥黛丽·赫本 Àodàilì Hèběn'으로, 바이올리니스트 조슈아 벨(Joshua Bell)은 '约书亚·贝尔 Yuēshūyà Bèi'ěr', 축구 선수 호날두(Ronaldo)는 '罗纳尔多 Luónà'ěrduō'라 부른다.

그럼 영문 상표도 중국어로 말해야 알아듣느냐고? YES! 한국에서 흔히 볼 수 있는 영문 상표명을 예로 들자면, 맥도날드는 '麦当劳 Màidāngláo', 스타벅스는 '星巴克 Xīngbākè', 피자헛은 '必胜客 Bìshèngkè'라 한다. 이 밖에 커피는 '咖啡 kāfēi', 햄버거는 '汉堡包 hànbǎobāo'이고, 아이스크림은 '冰淇淋 bīngqílín'이다.

거리를 누비는 외제차들도 중국어 이름으로 불리는데, 벤츠(Benz)는 '奔驰 Bēnchí', BMW는 '宝马 Bǎomǎ', 아우디(Audi)는 그래도 실제 발음과 비슷한 '奥迪 Àodí'이다. 내로라하는 전자 제품의 이름 역시 우리의 상상을 초월한다. 소니(Sony)는 '索尼 Suǒní', 필립스(Phillips)는 '飞利浦 Fēilìpǔ', 니콘(Nikon)은 '尼康 Níkāng', 캐논(Cannon)은 '佳能 Jiānéng'이라 한다.

중국어 단어 하나 외우기도 버거운 마당에 영어로 된 지명, 인명, 상표명, 심지어 먹을 것까지 일일이 중국어로 바꿔 외워야 하니 스트레스가 이만저만이 아니지만, 영어를 모국어로 쓰는 학생들은 얼마나 더 억울하겠는가! 그러니 꾹 참고 열심히 외워 보자. 외래어도 자꾸 공부하다 보면 나름 재미가 솔솔 넘친다.
자~ 우리 모두 힘내자고요!!

11

我在看篮球比赛。
Wǒ zài kàn lánqiú bǐsài.

나는 농구 경기를 보고 있어요.

학습 포인트

- 동작의 진행 용법 익히기
- 부사 '正', '正在', '在' 이해하기
- '二位' 이해하기

나의 회화 수첩

상황 ❶ 낙천이는 못 말리는 스포츠 팬 🎧 11-01

张金喜 **你在看什么电视节目？**
Nǐ zài kàn shénme diànshì jiémù?

乐 天 **我在看篮球比赛。**
Wǒ zài kàn lánqiú bǐsài.

张金喜 **你快去做作业啊！听话！**
Nǐ kuài qù zuò zuòyè a! Tīnghuà!

乐 天 **好了好了，我五分钟后就进屋。**
Hǎo le hǎo le, wǒ wǔ fēnzhōng hòu jiù jìn wū.

在 zài 튀 ~하는 중이다 | 电视 diànshì 몡 텔레비전 | 节目 jiémù 몡 프로그램 | 篮球 lánqiú 몡 농구 | 比赛 bǐsài 몡 경기, 시합 | 作业 zuòyè 몡 숙제 | 听话 tīnghuà 통 말을 듣다 | 分钟 fēnzhōng 몡 분 | 后 hòu 몡 뒤, 후

상황 ❷ 할머니와 통화 중~ 🎧 11-02

乐 天 **奶奶，您干什么呢？**
Nǎinai, nín gàn shénme ne?

奶 奶 **我正在吃晚饭。你们呢？**
Wǒ zhèngzài chī wǎnfàn. Nǐmen ne?

乐 天 **姐姐写报告，我在玩儿游戏。**
Jiějie xiě bàogào, wǒ zài wánr yóuxì.

奶 奶 **你爸爸回家了吗？**
Nǐ bàba huí jiā le ma?

乐 天 **没有，他去参加同学聚会了。**
Méiyou, tā qù cānjiā tóngxué jùhuì le.

干 gàn 통 (일을) 하다 | 正在 zhèngzài 튀 ~하는 중이다 | 写 xiě 통 쓰다 | 报告 bàogào 몡 리포트, 보고서 | 游戏 yóuxì 몡 게임 | 参加 cānjiā 통 참석하다 | 聚会 jùhuì 몡 모임, 회식

 응답하라 친구들! 🎧 11-03

同学 **老金，刚才你怎么不接电话啊？**
Lǎo Jīn, gāngcái nǐ zěnme bù jiē diànhuà a?

金泰山 **刚才我正在会议室开会呢。你们都到了？**
Gāngcái wǒ zhèng zài huìyìshì kāihuì ne. Nǐmen dōu dào le?

同学 **除了宋大夫，我们都到了。**
Chúle Sòng dàifu, wǒmen dōu dào le.

金泰山 **老宋今天不能来吗？**
Lǎo Sòng jīntiān bù néng lái ma?

同学 **不，他在路上呢。**
Bù, tā zài lù shang ne.

金泰山 **那你们现在在哪儿？**
Nà nǐmen xiànzài zài nǎr?

同学 **我们在老地方等你们二位呢。**
Wǒmen zài lǎo dìfang děng nǐmen èr wèi ne.

金泰山 **好的，我尽快赶过去。**
Hǎo de, wǒ jǐnkuài gǎn guòqu.

老 lǎo 형 씨 [성씨 앞에 쓰여 친근감이나 존중감을 나타냄] | **接** jiē 통 (전화를) 받다 | **会议室** huìyìshì 명 회의실 | **开会** kāihuì 통 회의를 열다, 회의를 하다 | **宋** Sòng 명 송 [성씨] | **大夫** dàifu 명 의사 ▶**医生** yīshēng 의사 | **老地方** lǎo dìfang 본래의 장소, 늘 만나던 곳 | **位** wèi 양 분, 명 [공경의 뜻을 내포함] | **尽快** jǐnkuài 부 되도록 빨리 | **赶** gǎn 통 뒤쫓다, 따라가다

어법 노하우 대 공개

동작의 진행

동작의 진행은 부사 '正', '正在', '在'와 조사 '呢'를 사용하여 나타낼 수 있다. '正/正在/在……(呢)' 혹은 '……呢'의 형식으로 쓸 수 있다.

① 기본 문형

- **正……(呢)** : 마침(막) ~하고 있다

  동사 앞에 '正'을 써서 동작의 진행을 나타내며 시간에 중점을 둔다.

  他正做作业(呢)。 그는 숙제를 하고 있어요.
  Tā zhèng zuò zuòyè (ne).

- **正在……(呢)** : 한창 ~하고 있다

  동사 앞에 '正在'를 써서 시간과 상태를 동시에 강조한다.

  妈妈正在休息(呢)。 엄마는 쉬고 계세요.
  Māma zhèngzài xiūxi (ne).

- **在……(呢)** : ~하고 있다

  동사 앞에 '在'를 써서 어떤 상태에 처해 있는 중임을 나타낸다. '在' 앞에 부사 '一直' 또는 '经常'을 두어 진행의 뜻을 강조할 수 있다.

  姐姐一直在看书。 언니는 계속 책을 보고 있어요.
  Jiějie yìzhí zài kànshū.

- **……呢** : ~하고 있다

  문장 끝에 조사 '呢'만 써서 진행의 뜻을 나타낼 수도 있다.

  爸爸工作呢。 아빠는 일하고 계세요.
  Bàba gōngzuò ne.

② 부정형

부정형을 만들 때는 '没(有)'를 사용하는데, '正'과 '正在'는 부정부사와 함께 쓸 수 없고 '在'만 함께 쓸 수 있음에 주의해야 한다.

A 你们正在上课吗?
  Nǐmen zhèngzài shàngkè ma?
  수업을 하고 있나요?

B 我们没在上课。 우리는 수업을 하고 있지 않아요.
  Wǒmen méi zài shàngkè.

  = 我们没上课。
  Wǒmen méi shàngkè.

  = 没有。
  Méiyou.

  我们没正在上课。(X)

③ 의문형

你们在吃饭吗?
Nǐmen zài chīfàn ma?
너희들 밥 먹고 있니?

你哥哥正在做什么?
Nǐ gēge zhèngzài zuò shénme?
너희 형은 뭐하는 중이니?

你是不是在看电视?
Nǐ shì bu shì zài kàn diànshì?
너 TV 보고 있는 거지?

④ 주의사항

동작의 진행을 나타낼 때 '在'를 '〜에서'라는 뜻으로 써야 할 경우, 부사 '正'만 쓸 수 있다.

妈妈正在厨房里做饭。 엄마는 주방에서 밥을 하고 계세요.
Māma zhèng zài chúfáng li zuò fàn.

동작의 진행은 과거, 현재, 미래 모두에 쓸 수 있다.

昨天我去他家的时候，他正在画画。 어제 그의 집에 갔을 때 그는 그림을 그리고 있었어요. (과거)
Zuótiān wǒ qù tā jiā de shíhou, tā zhèngzài huàhuà.

现在我们正在看电影呢。 지금 우리는 영화를 보고 있어요. (현재)
Xiànzài wǒmen zhèngzài kàn diànyǐng ne.

晚上你去找他，他一定在工作。 밤에 그 친구를 찾아가면, 그는 틀림없이 일하고 있을걸. (미래)
Wǎnshang nǐ qù zhǎo tā, tā yídìng zài gōngzuò.

二位

'二位'는 '두 분'을 뜻하는 표현으로, 존경과 예의를 가지고 상대방을 직접 부를 때 단독으로 사용할 수 있다.
'二位' 앞에 '您'이나 '你们'이 올 수 있는데 이때 '二位' 뒤에 다른 명사는 붙지 않는다.

二位，请稍等。
Èr wèi, qǐng shāo děng.
두 분, 잠시만 기다리세요.

认识您二位是我的福气。
Rènshi nín èr wèi shì wǒ de fúqi.
두 분을 알게 된 것은 저의 복입니다.

'두 분'을 뜻하는 또 다른 표현으로 '两位'가 있는데 '两位' 뒤에는 일반명사가 붙는 경우가 많다.

你的两位同事已经到了。 당신의 동료 두 분이 이미 도착하셨어요.
Nǐ de liǎng wèi tóngshì yǐjīng dào le.

새 단어

厨房 chúfáng 명 주방 | 一定 yídìng 부 반드시, 틀림없이 | 认识 rènshi 동 알다, 인식하다 | 福气 fúqi 명 복 | 同事 tóngshì 명 동료

숨겨둔 문장 실력

▶ 바꿔서 말해 보고, 이를 활용해 대화를 나눠 보세요. 🎧 11-04

하나 我在看<mark>篮球比赛</mark>。

新闻
人民日报
电视剧

> **실력 up!**
> A 你在看什么呢?
> B 我在看<mark>篮球比赛</mark>。

新闻 xīnwén 뉴스 | 人民日报 Rénmín Rìbào 인민일보 | 电视剧 diànshìjù 드라마

둘 姐姐<mark>写报告</mark>，我在<mark>玩儿游戏</mark>。

复习功课　　写汉字
弹钢琴　　　唱歌
打扫房间　　洗碗

> **실력 up!**
> A 你们干什么呢?
> B 姐姐<mark>写报告</mark>，我在<mark>玩儿游戏</mark>。

复习功课 fùxí gōngkè 배운 것을 복습하다 | 写汉字 xiě Hànzì 한자를 쓰다 | 弹钢琴 tán gāngqín 피아노를 치다 | 打扫房间 dǎsǎo fángjiān 방을 청소하다 | 洗碗 xǐ wǎn 설거지하다

셋 刚才我正在<mark>会议室</mark><mark>开会</mark>呢。

教室　　上课
厨房　　做菜
屋里　　睡午觉

> **실력 up!**
> A 刚才你怎么不接电话啊?
> B 刚才我正在<mark>会议室</mark><mark>开会</mark>呢。

上课 shàngkè 수업하다 | 厨房 chúfáng 부엌 | 做菜 zuò cài 요리를 하다 | 屋里 wū li 방 안 | 睡午觉 shuì wǔjiào 낮잠을 자다

단어 플러스

여러 가지 운동

足球 zúqiú 축구 | 棒球 bàngqiú 야구 | 排球 páiqiú 배구 | 网球 wǎngqiú 테니스 | 羽毛球 yǔmáoqiú 배드민턴
乒乓球 pīngpāngqiú 탁구 | 保龄球 bǎolíngqiú 볼링 | 高尔夫球 gāo'ěrfūqiú 골프 | 太极拳 tàijíquán 태극권
跆拳道 táiquándào 태권도 | 游泳 yóuyǒng 수영 | 滑雪 huáxuě 스키 | 跑步 pǎobù 달리기

나만의 복습 다이어리

끝없이 계속 이어질 것 같던 보어의 긴 터널을 지나 드디어 3권의 마지막 과에 도착!
짜잔~ 3권의 마지막 초대 손님은 바로 동작의 진행을 나타내는 문형이야!
동작의 진행을 나타내려면 동사 앞에 부사 '正 zhèng', '正在 zhèngzài', '在 zài'가 꼭 필요해.
그럼 예를 한번 들어 보자~

 나는 농구 경기를 보고 있어요. 我在看篮球比赛。Wǒ zài kàn lánqiú bǐsài.

근데 '在'는 '~에서'라는 개사, '~에 있다'라는 동사로도 부족해 동작의 진행을 나타내는 부사로도 쓰이는 거야? 에잇, 욕심쟁이!

부사를 쓰지 않고 문장 끝에 '呢 ne'만 붙여서 동작의 진행을 나타낼 수도 있어. 그러니까
'我看篮球比赛呢。Wǒ kàn lánqiú bǐsài ne.'라고 해도 진행의 의미가 된다는 거지.
부정형을 만들 때는 부사 '没(有)'를 쓰는데, 위의 예문을 부정형으로 만들어 보면
'我没有在看篮球比赛。Wǒ méiyou zài kàn lánqiú bǐsài.'가 되겠지. 부정형의 문장에 '正'하고 '正在'는 절대 쓸 수 없다는 것에 주의하자고!

동작의 진행을 나타낼 때 장소가 등장해서 '在'를 '~에서'의 뜻으로 써야 할 땐 '正在+在+장소'가 아니라,
'正+在+장소'로만 쓰니까 잘 알아두라고 선생님께서 강조하셨어.

마지막으로 '두 분'이라는 뜻의 '二位 èr wèi'로 예문을 한번 만들어 볼까?

 우리는 늘 만나던 곳에서 두 분을 기다리고 있어요.
我们在老地方等你们二位呢。Wǒmen zài lǎo dìfang děng nǐmen èr wèi ne.

오~ 왠지 중국 영화에서 많이 들어 본 말 같은데~~
나에게도 언젠가 이런 말을 팍팍 쓸 수 있는 날이 오겠지? 꼭 올 거야! 오예!!

즉문즉답

Q 선생님, '我在看书。'와 '我在家看书。'는 어떻게 다른가요?
A 두 예문에서 '在'가 각각 다른 용법으로 쓰이고 있네요.

두 문장을 자세히 보면 앞 문장에서는 '在'가 '~하는 중이다'라는 뜻의 부사로, 뒤 문장에서는
'~에서'라는 뜻의 개사로 쓰이고 있네요. 그럼 두 문장을 용법에 맞게 해석해 볼까요?

我在看书。Wǒ zài kànshū. 나는 책을 보고 있어요.
我在家看书。Wǒ zài jiā kànshū. 나는 집에서 책을 봐요.

차근차근 실력 확인

1 잘 듣고 그림과 녹음 내용이 일치하면 O표, 일치하지 않으면 X표를 해 보세요. 🎧 11-05

❶
(   )

❷
(   )

❸
(   )

❹
(   )

2 아래 단어의 한어병음과 뜻을 해당하는 번호의 빈칸에 알맞게 써 보세요.

① 电视　　② 节目　　③ 游戏　　④ 听话
⑤ 老地方　⑥ 比赛　　⑦ 作业　　⑧ 报告

❶ 한어병음 _____ 뜻 _____　❷ 한어병음 _____ 뜻 _____

❸ 한어병음 _____ 뜻 _____　❹ 한어병음 _____ 뜻 _____

❺ 한어병음 _____ 뜻 _____　❻ 한어병음 _____ 뜻 _____

❼ 한어병음 _____ 뜻 _____　❽ 한어병음 _____ 뜻 _____

3 대화가 완성될 수 있도록 문장을 알맞게 연결해 보세요.

① 你在看什么电视节目？
　Nǐ zài kàn shénme diànshì jiémù?

② 你们都到了吗？
　Nǐmen dōu dào le ma?

③ 你姐姐干什么呢？
　Nǐ jiějie gàn shénme ne?

④ 你爸爸回家了吗？
　Nǐ bàba huí jiā le ma?

A 除了老宋，我们都到了。
　Chúle Lǎo Sòng, wǒmen dōu dào le.

B 我在看篮球比赛。
　Wǒ zài kàn lánqiú bǐsài.

C 爸爸还没回家。
　Bàba hái méi huí jiā.

D 姐姐在写报告。
　Jiějie zài xiě bàogào.

4 주어진 단어를 어순에 맞게 배열하고, 문장 전체를 해석해 보세요.

① 你　做　快　作业　去　啊

　문장 : _____!

　뜻 : _____!

② 参加　爸爸　去　同学　了　聚会

　문장 : _____。

　뜻 : _____.

③ 我　会议室　正　呢　开会　在

　문장 : _____。

　뜻 : _____.

④ 在　等　我们　老地方　呢　二位　你们

　문장 : _____。

　뜻 : _____.

발음·성조 클리닉

당시(唐诗)를 읽으며 발음과 성조를 연습해 보세요.

《送别》
Sòngbié

王维 Wáng Wéi
(왕유, 701~761년)

下马饮君酒，问君何所之。
Xià mǎ yǐn jūn jiǔ, wèn jūn hé suǒ zhī.

君言不得意，归卧南山陲。
Jūn yán bù dé yì, guī wò nán shān chuí.

但去莫复问，白云无尽时。
Dàn qù mò fù wèn, bái yún wú jìn shí.

말에서 내려 술을 권하며,
그대 어디로 가느냐고 물어 보네.
그대는 세상 일이 뜻대로 되지 않아,
남산 기슭으로 은거하러 간다 하네.
그대 잘 가시게, 더는 묻지 않으리니,
흰 구름 유유히 흘러가네.

간체자와 친해지기

✏️ 획순을 참고해서 간체자를 따라 써 보세요.

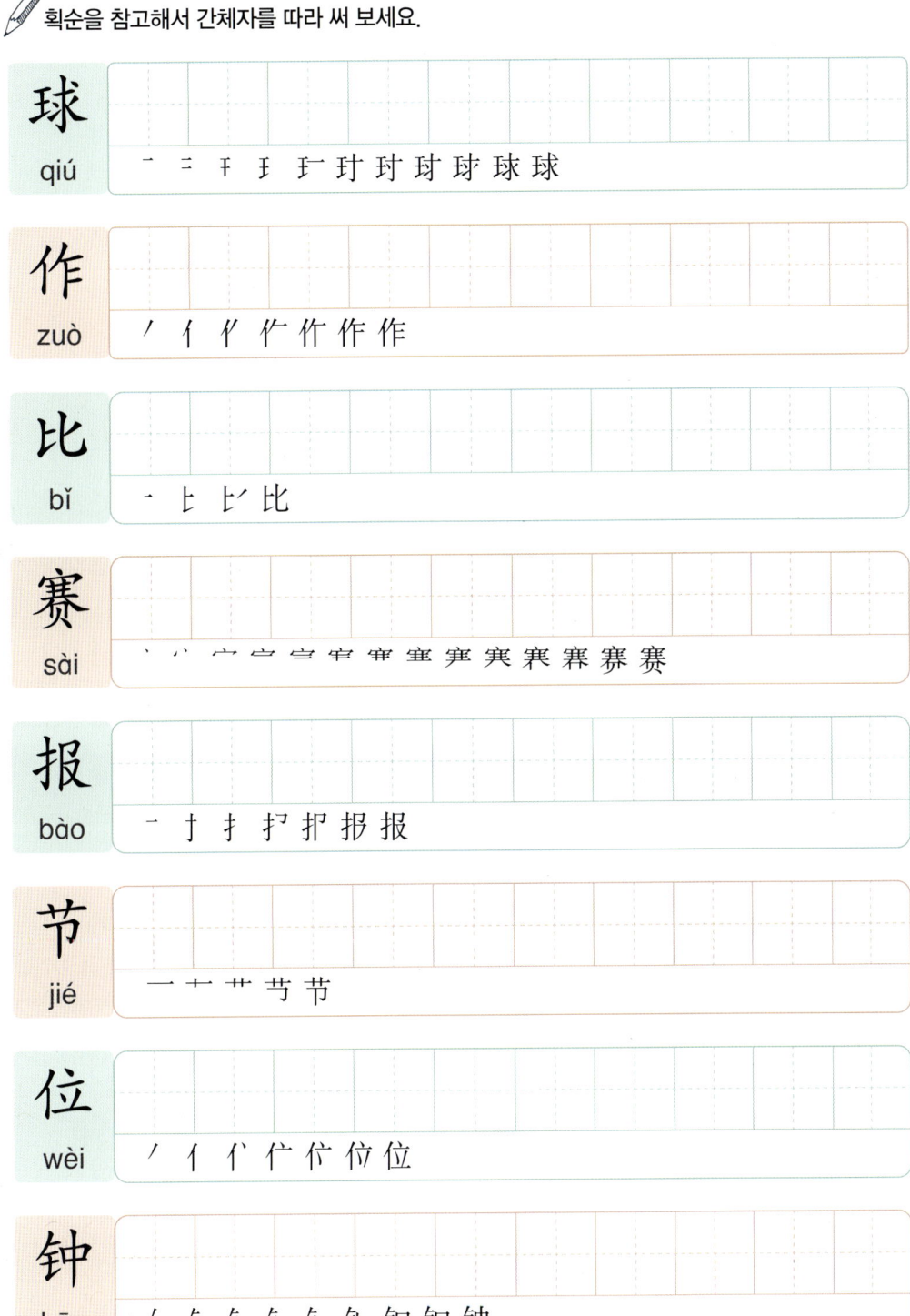

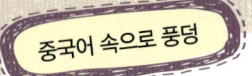

누가 내 귀 좀 뚫어 주요!

외국어 공부를 하다 보면 가장 힘들다고 느끼는 부분이 '듣기'가 아닌가 싶다. 우리말은 듣기 싫어도 너무 잘 들려 가끔 거슬리기까지 하는데, 중국어는 듣고자 하는 마음은 하늘을 찌르나 들리는 말은 고작 몇 마디에 불과해 꼭 약속 시간이 지나도 안 나타나는 야속한 님 같다. 중국어 초보 시절 필자 역시 항상 중국어 MP3를 크게 켜 놓고 길을 걸을 때도 열심히 듣고 중국 영화도 많이 보았지만, 정작 시험을 볼 때나 중국인을 마주할 때는 한 마디도 들리지 않아 화병으로 쓰러질 뻔한 적이 여러 번 있었다. 그때마다 참을 인(忍) 자를 얼마나 써 댔는지……

중국어에 대한 왠지 모를 배신감에 분노하던 어느 날, 드디어 중국어가 안 들리는 이유를 깨달았다. 중국어는 무턱대고 많이만 듣는다고 느는 언어가 아니었다. 중국어는 '뜻 글자'인 한자(汉字)로 이루어진 언어이기 때문에 발음을 듣고 문장에 맞는 한자를 떠올려야 한다. 예를 들어 MP3에서 'qu'라는 발음이 들렸다면 '가다'라는 동사 '去'인지, '취하다'라는 동사 '取'인지, '구역'이라는 뜻의 '区'인지를 구분해내야 한다. MP3에서는 '去 qù'라고 했지만 '取 qǔ'라는 한자를 떠올렸다면 문장을 전혀 다른 뜻으로 이해하게 되는 것이다. 다시 말해 중국어는 단어 하나를 외울 때 '한자+발음+성조+뜻'을 완벽하게 알아야 하고, 여기에 성조 변화까지 제대로 이해하고 있어야 정확하게 문장을 알아들을 수 있다.

MP3를 듣거나 중국 영화, 뉴스를 보다 보면 귀에 팍팍 꽂히는 단어들이 있다. '吃 chī', '看 kàn'과 같이 입문 때부터 수도 없이 반복해서 듣고 연습했던 단어와 중국어를 배우기 전부터 알고 있던 '你好 nǐ hǎo', '谢谢 xièxie'와 같은 표현들은 비교적 쉽게 들린다. 결국 내 입에 확실히 붙어 있는 단어나 표현만 들린다는 말씀!

그렇다면 필자가 추천하는 듣기 비법은?
두둥~ 오늘부터 안 들리는 MP3와 중국 영화는 잠시 접어 두고, 그 시간에 중국어 문장을 많이 읽어 보자! 읽을 땐 반드시 소리 내어 정확히 읽어야 하는데, 자꾸 읽다 보면 단어가 귀에 익숙해지고 내 귀에 익숙해진 단어는 다른 사람이 말할 때도 잘 들린다. 그런데 본인의 발음과 성조가 정확한지 의심스러우면 어쩌냐고? 그럴 땐 본인이 읽은 것을 녹음해서 원본과 비교해 보면 어떤 부분에 문제가 있는지 금방 알 수 있다. 참고로 발음에 자신이 없는 학습자들은 중국 노래를 따라 부르는 것이 좋고, 성조와 발음 모두에 더 강해지고 싶다면 잰말놀이(绕口令 ràokǒulìng)를 반복해 연습하는 것이 도움이 많이 된다.

아는 만큼 보인다는 말이 있듯이 중국어는 내 귀에 익숙한 단어 수만큼 들린다.
중국어, 무턱대고 듣기만 하지 말고 많이 읽고 많이 알아듣자!!

12

复习
fùxí

복습

단어 실력 점프

1 주어진 뜻에 해당하는 단어를 한자로 써 보세요.

① _____ 축하하다　② _____ 배고프다　③ _____ 맛있다　④ _____ 해결하다

⑤ _____ 안배하다　⑥ _____ 생일　⑦ _____ 왜　⑧ _____ 포장하다

⑨ _____ 상의하다　⑩ _____ 텔레비전　⑪ _____ 늘 만나던 곳　⑫ _____ 리포트, 보고서

2 알맞은 단어를 골라 빈칸에 써서 문장을 완성해 보세요.

> 来　　除了　　出来　　得　　在

① 我们俩能吃_____了吗？

② 我回_____了。

③ 我_____看篮球比赛。

④ 你快说_____吧。

⑤ _____啤酒外，还有什么酒？

1 그림을 참고하여 빈칸에 장소와 관련된 단어를 써 보세요.

2 주어진 단어를 보고 한어병음을 알맞게 써 보세요.

① 煮 _____   ② 一会儿 _____   ③ 客户 _____

④ 原谅 _____   ⑤ 考虑 _____   ⑥ 拿手菜 _____

⑦ 蛋糕 _____   ⑧ 闭 _____   ⑨ 累 _____

⑩ 出汗 _____   ⑪ 参加 _____   ⑫ 够 _____

⑬ 大夫 _____   ⑭ 游戏 _____   ⑮ 开会 _____

1-5 잘 듣고 녹음 내용과 어울리는 그림을 골라 보세요. 🔊 12-01

1 (   )   2 (   )   3 (   )

4 (   )   5 (   )

a

b

c

d

e

6 다음 중 동작의 진행을 나타내는 문장의 형식이 잘못된 것은?

① 他正在跟朋友说话。

② 我没正在看电视。

③ 他们没在开会。

④ 我们聊天儿呢。

7 밑줄 친 부분에 들어갈 말로 알맞은 것을 고르세요.

> 빨리 올라와!
> 你快上_____吧!

① 去   ② 来
③ 进   ④ 出

8 다음 중 가능보어로 쓰일 수 있는 보어끼리 바르게 묶인 것은?

① 정도보어 – 결과보어

② 정도보어 – 동량보어

③ 결과보어 – 시간보어

④ 결과보어 – 방향보어

9 밑줄 친 부분에 들어갈 말로 알맞은 것을 고르세요.

> _____这件事，我再考虑一下吧。

① 给   ② 在
③ 关于 ④ 听说

10 다음 중 '教室'가 들어가야 할 위치로 알맞은 것을 고르세요.

张老师 ____ 进 ____ 来 ____ 了。
　　　① 　　② 　　③

11 밑줄 친 부분에 공통으로 들어갈 말로 알맞은 것을 고르세요.

饭店 _____ 银行对面。
我 _____ 老地方等你。
姐姐 _____ 写报告呢。

① 有　　② 得
③ 正　　④ 在

12 다음 중 보어가 들어 있지 않은 문장은?

① 爸爸已经回来了。
② 我走不动了。
③ 他们正在开会呢。
④ 你们都写对了。

13 밑줄 친 부분에 들어갈 말로 알맞은 것을 고르세요.

A 祝你生日快乐!
B 谢谢! _____ 漂亮的蛋糕啊!

① 好　　② 很
③ 都　　④ 非常

14-15 다음 대화를 읽고 답해 보세요.

A 老师的话，你听得懂吗?
B 老师说得太快，我听不懂。

14 위의 대화 내용과 일치하는 것을 고르세요.

① B는 선생님 말씀을 못 알아들었다.
② A는 선생님 말씀을 이해했다.
③ 선생님의 말이 너무 느리다.
④ 선생님의 발음이 좋지 않다.

15 위의 대화에서 A의 말을 정반의문문으로 알맞게 바꾼 것은?

① 老师的话，你听得懂不懂?
② 老师的话，你听懂听不懂?
③ 老师的话，你听得懂听不懂?
④ 老师的话，你听得懂没懂?

16 밑줄 친 부분에 들어갈 동사의 중첩형으로 알맞은 것을 고르세요.

我想跟爸爸 _____ 。

① 商商量　　② 商量商量
③ 商量一商量　　④ 商量商量了

17 다음 문장에서 '干吗'가 의미하는 것은?

你干吗不吃早饭?

① 为什么　　② 干什么
③ 那么　　④ 多少

18 다음 밑줄 친 부분에 '都'와 '还'를 알맞게 넣어 문장을 완성해 보세요.

⑴ 除了游泳外，我＿＿＿喜欢跑步。

⑵ 除了他以外，别人＿＿＿去。

19 다음 중 방향보어의 위치가 잘못된 문장을 고르세요.

① 孩子都跑了出去。
② 我回去中国了。
③ 他带回衣服来了。
④ 她没说出话来。

20 다음 빈칸에 들어갈 말로 바르게 묶인 것을 고르세요.

你＿＿＿我安排＿＿＿日程吧。

① 帮-上　② 找-完
③ 看-好　④ 帮-好

21 다음 중 예문의 해석이 잘못된 것은?

① 这是我应该做的。
　이것은 제가 당연히 해야 할 일이에요.
② 你等我一下，好吗?
　잠깐만 기다려 줄래요?
③ 你快说出来吧。
　너 빨리 말하고 나와.
④ 他正做作业呢。
　그는 마침 숙제를 하고 있는 중이에요.

22-24 주어진 단어를 어순에 맞게 배열해 보세요.

22 快　来　你　屋　进　吧

＿＿＿＿＿＿＿＿＿＿＿＿＿＿＿。

23 出差　祝　顺利　您

＿＿＿＿＿＿＿＿＿＿＿＿＿＿＿!

24 能　得　你　来　回　吗

＿＿＿＿＿＿＿＿＿＿＿＿＿＿＿?

25-28 괄호 안에 제시된 표현을 사용해 작문해 보세요.

25 좀 봐봐. 이건 누구 책이니? (一下，谁)

＿＿＿＿＿＿＿＿＿＿＿＿＿＿＿?

26 겨우 요리 세 개 시킨 거야. 안 많아. (才，点)

＿＿＿＿＿＿＿＿＿＿＿＿＿＿＿。

27 선생님께서 교실로 들어오셨어요.
(进，来，教室)

＿＿＿＿＿＿＿＿＿＿＿＿＿＿＿。

28 아빠는 부엌에서 요리를 하고 계세요.
(厨房，正，做菜)

＿＿＿＿＿＿＿＿＿＿＿＿＿＿＿。

1-6 그림의 상황을 참고하여 어울리는 대화를 완성해 보세요.

1.

A 我____学校走____来了。
B 你走____来了？

2.

A ____啤酒外，____有什么酒？
B 我们有红酒。

3.

A 哎呀，累____，走不动了。
B 你这么快____累____？

4.

A 你在干什么____？
B 我____在吃晚饭。

5.

A 手机自拍杆你____了吗？
B ____了。

6.

A 这么多菜我们俩能吃得____吗？
B 吃不____就打包吧！

도전! 중국 노래

当你老了 Dāng nǐ lǎo le

当你老了头发白了睡意昏沉
Dāng nǐ lǎo le tóufa bái le shuìyì hūnchén

当你老了走不动了炉火旁打盹回忆青春
Dāng nǐ lǎo le zǒu bu dòng le lúhuǒ páng dǎdǔn huíyì qīngchūn

多少人曾爱你青春欢畅的时辰爱慕你的美丽假意或真心
Duōshao rén céng ài nǐ qīngchūn huānchàng de shíchen àimù nǐ de měilì jiǎyì huò zhēnxīn

只有一个人还爱你虔诚的灵魂爱你苍老的脸上的皱纹
Zhǐyǒu yí ge rén hái ài nǐ qiánchéng de línghún ài nǐ cānglǎo de liǎn shang de zhòuwén

当你老了眼眉低垂灯火昏黄不定
Dāng nǐ lǎo le yǎnméi dīchuí dēnghuǒ hūnhuáng búdìng

风吹过来你的消息这就是我心里的歌
Fēng chuī guòlai nǐ de xiāoxi zhè jiù shì wǒ xīn li de gē

当我老了我真希望这首歌是唱给你的
Dāng wǒ lǎo le wǒ zhēn xīwàng zhè shǒu gē shì chàng gěi nǐ de

그대가 늙어 백발이 성성하고 졸음에 겨워 하더라도
그대가 늙어 걷지 못하고 난롯가에서 졸며 젊음을 추억하는 날이 와도
얼마나 많은 사람들이 가식이나 진심으로 그대의 젊음과 그대의 아름다움을 사랑했을지 모르지만
오직 한 사람만은 그대의 경건한 영혼을 사랑하고, 그대의 주름진 얼굴을 사랑합니다.
그대가 늙어 눈썹이 쳐지고 불빛이 희미해 보일지라도
바람에 당신 소식이 실려 오면 그것이 바로 내 마음의 노래입니다.
내가 늙었을 때 이 노래를 그대에게 불러 드리고 싶습니다.

본문 해석

01 우리는 비행기를 타고 상하이에 가.

 상하이로 출발~

낙 천　너희는 어떻게 상하이에 가니?
칭 칭　우리는 비행기를 타고 상하이에 가.
낙 천　너희는 몇 시 비행기를 탈 거야?
칭 칭　우리는 오전 10시 반 비행기를 탈 거야.

 인생은 시험의 연속이라네

민 준　주말이야, 우리 놀러 가자.
송 이　안 돼. 난 놀러 갈 시간이 없어.
민 준　무슨 일 있어?
송 이　이달 말에 HSK 6급 시험을 봐야 돼.
민 준　그럼 넌 공부해.

상황 ❸ 건강은 건강할 때 지킵시다!

주 선생　장 선생님 안색이 안 좋은데, 어디 불편하세요?
장금희　어제부터 기침을 하고 열이 나네요.
주 선생　감기 걸리신 거예요?
장금희　그런 것 같아요.
주 선생　병원에 가서 진찰 받았어요?
장금희　일이 많아서 아직 못 갔어요.
주 선생　그럼 안 돼요. 얼른 가 보세요.
장금희　알겠어요. 퇴근하고 바로 갈게요.

02 너 노래 정말 잘 부른다!

 내가 고른 최고의 영화는?

칭 칭　최근에 너 무슨 영화를 봤어?
낙 천　그저께 나는 《어린왕자》를 봤어.
칭 칭　어때? 재미있어?
낙 천　정말 재미있어.

 반성할 줄 아는 착한 아들

장금희　기말고사 어떻게 봤니?
낙 천　형편없이 봤어요.
장금희　왜, 시험 문제가 너무 어려웠어?
낙 천　아니요. 다 제가 평소에 노력을 안 해서 그렇죠 뭐.
장금희　착한 아들, 네 스스로 알았으면 된 거야.

 내 노래에 날개가 있다면

송 이　너 노래 정말 잘 부른다!
민 준　진짜야 가짜야?
송 이　진짜지. 한 곡 더 해 봐.
민 준　그럼 널 위해 《첨밀밀》을 부를게.
송 이　와, 너무 좋아!
민 준　송이야, 너 이 노래 부를 줄 알아?
송 이　부를 수는 있는데 잘하지는 못해.
민 준　그래도 괜찮아, 우리 같이 부르자.

03 제가 늦었습니다.

 상황 ① 핑계 없는 무덤은 없다

마 대리 죄송합니다. 제가 늦었습니다.
김태산 자네 왜 또 지각한 거야?
마 대리 길에 차가 너무 막혀서요.
김태산 됐네. 우선 앉게나.

 상황 ② 세상엔 비슷한 사람이 많아

전 주 어제 나 인사동에서 너 봤어.
송 이 날 봤다고?
전 주 너 어떤 꽃미남이랑 차 마시던데, 맞지?
송 이 아가씨, 어제 난 도서관에서 책 봤거든요.
전 주 그래? 그럼 내가 사람을 잘못 봤나 보다.

 상황 ③ 그의 전화번호는 언제 바뀌었을까?

남 자 여보세요! 랑랑의 휴대전화죠?
송 이 여보세요! 실례지만 어떤 분을 찾으세요?
남 자 랑랑에게 걸었는데요.
송 이 선생님, 전화 잘못 거셨어요. 이건 그 분의 휴대전화가 아니에요.
남 자 제가 01086761023으로 걸지 않았나요?
송 이 아니요. 01086761032로 거셨어요.
남 자 그래요? 죄송합니다. 제가 잘못 걸었네요.

04 나는 그를 몇 번 만난 적이 있어요.

 상황 ① 사람은 겪어 봐야 알지

김태산 자네 왕 사장님 뵌 적 있나?
백 부장 작년에 몇 번 뵌 적이 있습니다.
김태산 그 분 어떠신가?
백 부장 다정하고 소탈한 분이세요.

 상황 ② 의리에 살고 의리에 죽고

장금희 여보, 어디 가세요?
김태산 신라병원에 갔다 와야 해.
장금희 누가 입원했어요?
김태산 이 사장님이 입원하셨어.
장금희 그럼 얼른 가 보세요. 운전 조심하고요!

 상황 ③ 하늘엔 천당, 땅엔 쑤저우와 항저우

민 준 너 항저우 서호에 가 본 적 있어?
송 이 두 번 가 봤어.
민 준 그럼 쑤저우는?
송 이 아직 못 가 봤어.
민 준 쑤저우의 정원은 정말 아름다워.
송 이 나도 들어 봤어.
민 준 옛말에 하늘에는 천당, 땅에는 쑤저우와 항저우라는 말도 있잖아.
송 이 네가 그렇게 말하니까 정말 가 보고 싶다.

05 나는 중국에서 3년 동안 살았어.

 내가 중국어를 잘하는 이유?

송 이 넌 중국에서 몇 년 살았어?
민 준 난 중국에서 3년 동안 살았어.
송 이 그래? 어쩐지 중국어를 잘하더라.

 태극권의 고수로 가는 길

낙 천 듣자 하니 형이 태극권 고수라면서요.
민 준 무슨 소리야!
낙 천 형, 매일 몇 시간씩 연습해요?
민 준 난 매일 한 시간씩 연습해.

5년을 못 봐도 어제 만난 듯

장금희 나 한참 기다렸지?
동 창 아니야, 나도 막 도착했어.
장금희 우리 5년 동안 못 만났어, 그렇지?
동 창 그래, 시간이 정말 빨리 간다.
장금희 너 한국에 온 지 얼마나 된 거야?
동 창 일주일 됐어.
장금희 언제 미국에 돌아갈 계획이니?
동 창 설을 쇤 후에 다시 돌아가려고 해.

07 얼른 내려와.

 집이 최고야!

낙 천 엄마, 저 돌아왔어요.
장금희 밖이 춥지, 얼른 들어오렴.
낙 천 엄마, 저 배고파요. 라면 먹고 싶어요.
장금희 그래, 엄마가 바로 라면 끓여 줄게.

 셀카봉 가지고 출발~

민 준 송이야, 나 도착했어. 얼른 내려와.
송 이 바로 내려갈게. 휴대전화 셀카봉은?
민 준 가져왔지.
송 이 잘했어. 좀 있다 봐!

 바쁜 사장님의 일정

왕 비서 김 사장님, 중국 고객은 모레 오십니다.
김태산 그분들 언제 인천공항에 도착하시죠?
왕 비서 모레 정오에 도착한다고 하셨어요.
김태산 그래요? 왕 비서가 일정을 잡아 주세요.
왕 비서 알겠습니다. 김 사장님, 오늘 출장 가시면 내일 돌아오실 수 있으세요?
김태산 올 수 있어요. 내일 저녁에 돌아와요.
왕 비서 알겠습니다. 출장 잘 다녀오세요!

08 제가 교장 선생님과 상의해 볼게요.

 실수는 늘 있는 법

주 선생 그 학생의 일은 해결되었나요?
장금희 그 애의 일에 관해서 교장 선생님과 상의해 봐야 해요.
주 선생 교장 선생님이 그 애를 용서해 주실까요?
장금희 그 학생은 모범생이니 교장 선생님도 이 점을 고려하실 거예요.

 서로서로 양보합시다

송 이 아저씨, 좀 비켜 주실래요? 제가 내려야 하거든요.
아저씨 그래요. 우리 자리를 바꿉시다.
송 이 고맙습니다!
아저씨 뭘요.

맛집 탐방!

송 이 이 식당에서 잘하는 요리가 뭐예요?
종업원 동파육과 탕수갈치요.
송 이 맛있나요?
종업원 맛보시면 바로 아실 거예요.
송 이 맥주는 청도맥주 외에 또 어떤 맥주가 있어요?
종업원 요즘 젊은 분들은 설화맥주를 좋아하는 편이지요.
송 이 그래요? 그럼 저희에게 세 병 갖다 주세요.
종업원 알겠습니다. 잠시만 기다려 주세요.

09 나는 걸어 돌아왔어요.

 가끔은 해가 서쪽에서도 뜬다?

장금희 너 왜 이렇게 땀을 많이 흘리니?
낙 천 엄마, 저 학교에서 걸어 돌아왔어요.
장금희 걸어왔다고? 왜 시내버스 안 탔어?
낙 천 운동 좀 하고 싶어서요.
장금희 우와! 해가 서쪽에서 뜨겠네!

 쉬우면서도 어려운 말

민 준 송이야, 나 너한테 할 말이 있어.
송 이 말해 봐. 무슨 말인데?
민 준 그게…… 에이, 말 안 할래.
송 이 3초의 시간을 주겠어, 얼른 말해 봐.

 생일 축하합니다!

낙 천 엄마, 생신 축하 드려요!
장금희 와! 케이크가 너무 예쁘네!
낙 천 이거 아빠가 사 오신 거예요.
장금희 그래? 고마워요, 여보.
낙 천 엄마, 얼른 눈 감으세요!
장금희 왜?
낙 천 소원 비셔야죠!
장금희 그래.

10 지금 살 수 있어요.

 상황 ❶ 먹는 즐거움이 최고야~

송 이 이렇게 많은 요리를 시켜서, 우리 둘이 다 먹을 수 있을까?
민 준 겨우 네 가지밖에 안 시켰어, 안 많아.
송 이 그래 그럼, 다 못 먹으면 포장해 가자.

상황 ❷ 군대에 갔다 와야 진짜 사나이!

낙 천 에고! 힘들어서 못 걷겠어요.
김태산 이렇게 빨리 지친 거야? 아빠가 군대에 있을 때는……
낙 천 아빠, 또 시작이에요?
김태산 너 이 녀석! 남자는 말이야……
낙 천 군대를 갔다 와야 진정한 사내 대장부가 되는 거지.

 상황 ❸ 엄마는 조슈아 벨의 광팬

장금희 여보, 다음 주에 조슈아 벨의 연주회가 있어요.
김태산 그래? 당신 보러 가고 싶어?
장금희 당연하죠. 나는 그의 팬이잖아요.
김태산 연주회 입장권은 지금 살 수 있나?
장금희 여기요, 내가 벌써 샀지요.
김태산 당신 동작 정말 빠르군.
장금희 당연히 빨라야죠, 그렇지 않으면 살 수 없는 걸요.

11 나는 농구 경기를 보고 있어요.

 상황 ❶ 낙천이는 못 말리는 스포츠 팬

장금희 너 무슨 TV 프로그램 보고 있니?
낙 천 저 농구 경기 보고 있어요.
장금희 너 얼른 가서 숙제 해! 말 들어!
낙 천 알았어요. 5분 후에 방으로 들어갈게요.

 상황 ❷ 할머니와 통화 중~

낙 천 할머니, 뭐 하고 계세요?
할머니 저녁 먹고 있단다. 너희들은?
낙 천 누나는 리포트를 쓰고 있고, 저는 게임하고 있어요.
할머니 네 아빠는 집에 들어왔니?
낙 천 아니요, 아빠는 동창 모임에 가셨어요.

 상황 ❸ 응답하라 친구들!

동 창 김 군, 방금 왜 전화를 안 받았나?
김태산 방금 회의실에서 회의 중이었지. 자네들 모두 도착했나?
동 창 닥터 송만 빼고 우리 모두 도착했어.
김태산 송 군은 오늘 못 오는 거야?
동 창 아니, 지금 오는 중이야.
김태산 그럼 자네들 지금 어디에 있나?
동 창 우린 늘 보던 곳에서 자네들 두 사람을 기다리고 있지.
김태산 알았어, 되도록 빨리 갈게.

정답 및 녹음 대본

01 我们坐飞机去上海。

차근차근 실력 확인

1 ① X ② O ③ X ④ O

[녹음 대본]

① 我坐飞机去上海。
　Wǒ zuò fēijī qù Shànghǎi.

② 这个月底我得考HSK。
　Zhège yuèdǐ wǒ děi kǎo HSK.

③ 我坐上午十点的飞机。
　Wǒ zuò shàngwǔ shí diǎn de fēijī.

④ 我已经去医院看病了。
　Wǒ yǐjīng qù yīyuàn kànbìng le.

2 ① 한어병음: yuèdǐ　　뜻: 월말
② 한어병음: shíjiān　　뜻: 시간
③ 한어병음: fāshāo　　뜻: 열이 나다
④ 한어병음: gǎnmào　　뜻: 감기
⑤ 한어병음: yīyuàn　　뜻: 병원
⑥ 한어병음: liǎnsè　　뜻: 안색
⑦ 한어병음: kànbìng　뜻: 진찰하다, 진찰 받다
⑧ 한어병음: késou　　뜻: 기침하다

3 ① C ② D ③ B ④ A

4 ① 我从昨天开始咳嗽。
　나는 어제부터 기침하기 시작했어요.

② 我们坐上午十点的飞机。
　우리는 오전 10시 비행기를 타요.

③ 我下了班就去。
　나는 퇴근하고 바로 가려고 해요.

④ 我没有时间去玩儿。
　나는 놀러 갈 시간이 없어요.

02 你唱歌唱得真棒!

차근차근 실력 확인

1 ① O ② X ③ O ④ X

[녹음 대본]

① 我看了一部《小王子》。
　Wǒ kànle yí bù 《Xiǎo Wángzǐ》.

② 我考试考得不怎么样。
　Wǒ kǎoshì kǎo de bù zěnmeyàng.

③ 你唱歌唱得真棒!
　Nǐ chànggē chàng de zhēn bàng!

④ 今天高兴极了。
　Jīntiān gāoxìng jí le.

2 ① 한어병음: qiántiān　뜻: 그저께
② 한어병음: búguò　　뜻: 그러나
③ 한어병음: kǎotí　　뜻: 시험 문제
④ 한어병음: nán　　　뜻: 어렵다
⑤ 한어병음: píngshí　뜻: 평소
⑥ 한어병음: guài　　 뜻: 원망하다
⑦ 한어병음: míngbai　뜻: 알다, 이해하다
⑧ 한어병음: méi guānxi　뜻: 괜찮다

3 ① D ② C ③ A ④ B

4 ① 你唱歌唱得真棒!
　너 노래 정말 잘 부른다!

② 你自己明白了就好了。
　네 스스로 알았으면 된 거야.

③ 都怪我平时不努力。
　다 내가 평소에 노력하지 않은 탓이에요.

④ 你再来一个吧。
　한 곡 더 해 봐.

03 我来晚了。

차근차근 실력 확인

1 ① O ② O ③ X ④ O

[녹음 대본]

① 对不起，我来晚了。
   Duìbuqǐ, wǒ láiwǎn le.

② 路上堵车堵得厉害。
   Lù shang dǔchē dǔ de lìhai.

③ 我在图书馆看书呢。
   Wǒ zài túshūguǎn kàn shū ne.

④ 我还没做完作业。
   Wǒ hái méi zuòwán zuòyè.

2 ① 한어병음: túshūguǎn 뜻: 도서관
   ② 한어병음: duìbuqǐ 뜻: 미안합니다
   ③ 한어병음: wéi 뜻: 여보세요
   ④ 한어병음: cuò 뜻: 틀리다
   ⑤ 한어병음: lìhai 뜻: 극심하다
   ⑥ 한어병음: wǎn 뜻: 늦다
   ⑦ 한어병음: chídào 뜻: 지각하다
   ⑧ 한어병음: dǔchē 뜻: 교통이 막히다

3 ① D ② A ③ C ④ B

4 ① 您打错了，这不是他的手机。
   전화 잘못 거셨어요, 이건 그의 휴대전화가 아니에요.

② 路上堵车堵得厉害。
   길이 엄청 막혀요.

③ 昨天我在仁寺洞看见你了。
   어제 나 인사동에서 널 봤어.

④ 我在图书馆看书呢。
   나는 도서관에서 책을 읽었어.

04 我见过他几次。

차근차근 실력 확인

1 ① X ② O ③ O ④ X

[녹음 대본]

① 我得去趟新罗医院。
   Wǒ děi qù tàng Xīnluó yīyuàn.

② 苏州的园林特别美。
   Sūzhōu de yuánlín tèbié měi.

③ 我去过北京。
   Wǒ qùguo Běijīng.

④ 爷爷住院了。
   Yéye zhùyuàn le.

2 ① 한어병음: rèqíng 뜻: 열정적이다
   ② 한어병음: tīngshuō 뜻: 듣자 하니
   ③ 한어병음: píngyìjìnrén 뜻: 붙임성이 좋다
   ④ 한어병음: súhuà 뜻: 속담, 옛말
   ⑤ 한어병음: zhùyuàn 뜻: 입원하다
   ⑥ 한어병음: tiāntáng 뜻: 천국, 천당
   ⑦ 한어병음: yuánlín 뜻: 정원
   ⑧ 한어병음: xiǎoxīn 뜻: 조심하다

3 ① C ② D ③ A ④ B

4 ① 我还没去过呢。
   나는 아직 가 본 적 없어.

② 我得去趟新罗医院。
   나는 신라병원에 가야 해요.

③ 我从来没学过日语。
   나는 이제까지 일본어를 배워 본 적이 없어요.

④ 那你快去看看吧。
   그럼 얼른 가 보세요.

05 我在中国住了三年。

차근차근 실력 확인

1 ① O ② X ③ X ④ O

[녹음 대본]
① 我在中国住了两年。
   Wǒ zài Zhōngguó zhùle liǎng nián.
② 我每天跑步一个小时。
   Wǒ měitiān pǎobù yí ge xiǎoshí.
③ 他是太极拳高手。
   Tā shì tàijíquán gāoshǒu.
④ 我来韩国一个星期了。
   Wǒ lái Hánguó yí ge xīngqī le.

2 ① 한어병음: zhù   뜻: 살다
   ② 한어병음: gāng   뜻: 방금, 막
   ③ 한어병음: guàibude   뜻: 어쩐지
   ④ 한어병음: liàn   뜻: 연습하다
   ⑤ 한어병음: tàijíquán 뜻: 태극권
   ⑥ 한어병음: bàntiān   뜻: 한참
   ⑦ 한어병음: dǎsuan   뜻: ~할 계획이다
   ⑧ 한어병음: xiǎoshí   뜻: 시간

3 ① D ② A ③ B ④ C

4 ① 我在中国住了三年。
      나는 중국에서 3년 동안 살았어.
   ② 我来韩国半年了。
      나는 한국에 온 지 반년이 되었어.
   ③ 我们五年没见了吧?
      우리는 5년 동안 못 만났지?
   ④ 我打算过完春节再回去。
      나는 설을 쇤 후에 다시 돌아갈 계획이야.

06 复习

단어 실력 점프

1 ① 上海   ② 感冒   ③ 平时   ④ 最近
   ⑤ 努力   ⑥ 错   ⑦ 对不起 ⑧ 小心
   ⑨ 听说   ⑩ 半天   ⑪ 怪不得 ⑫ 打算

2 ① 对不起，我来晚了。
   ② 我每天都练两个小时。
   ③ 我没有时间去玩儿。
   ④ 这次考试考得怎么样?
   ⑤ 你见过张老师吗?

나만의 단어장

1 ① 飞机   ② 船   ③ 火车
   ④ 三轮车   ⑤ 公共汽车 ⑥ 出租车
   ⑦ 自行车   ⑧ 摩托车   ⑨ 地铁

2 ① fēijī   ② yuèdǐ   ③ fāshāo
   ④ késou   ⑤ chídào   ⑥ dǔchē
   ⑦ kǎotí   ⑧ guài   ⑨ jiǎ
   ⑩ hē chá   ⑪ shuài gē ⑫ cuò
   ⑬ rèqíng   ⑭ gāoshǒu   ⑮ súhuà

실력 테스트

1 c   2 a   3 d
4 b   5 e   6 ③
7 ④   8 ④   9 ④
10 ①   11 ②   12 ③
13 ④   14 ②
15 (1) 错 (2) 好，好   16 ②
17 ③   18 ④   19 ②
20 我得去趟医院。

21 我们坐飞机去美国。
22 你来韩国多长时间了？
23 我从来没去过苏州。
24 我下了班就去。
25 你唱歌唱得真棒。
26 你看错人了。
27 我每天练两个小时。

녹음 대본 (1~5번)

1 我从昨天开始咳嗽、发烧。
   Wǒ cóng zuótiān kāishǐ késou、fāshāo.

2 你唱歌唱得真棒！
   Nǐ chànggē chàng de zhēn bàng!

3 对不起，我打错了。
   Duìbuqǐ, wǒ dǎcuò le.

4 我去过杭州西湖。
   Wǒ qùguo Hángzhōu Xīhú.

5 听说，他是太极拳高手。
   Tīngshuō, tā shì tàijíquán gāoshǒu.

대화문 완성

1 A 你的脸色不好，哪儿不舒服？
   B 从昨天开始咳嗽、发烧。

2 A 期末考试考得怎么样？
   B 考得不怎么样，都怪我平时不努力。

3 A 昨天我在仁寺洞看见你了。
   B 小姐，昨天我在图书馆看书呢。

4 A 这部电影看得怎么样？
   B 好看极了。

5 A 你怎么又迟到了？
   B 路上堵车堵得很厉害。

6 A 我们五年没(有)见了吧，是不是？
   B 是啊，时间过得真快。

07 你快下来吧。

차근차근 실력 확인

1 ① O ② O ③ X ④ X

[녹음 대본]

① 我到了，你快下来吧。
   Wǒ dào le, nǐ kuài xiàlai ba.

② 妈妈马上给你煮方便面。
   Māma mǎshàng gěi nǐ zhǔ fāngbiànmiàn.

③ 老师进教室来了。
   Lǎoshī jìn jiàoshì lai le.

④ 他带来了手机自拍杆。
   Tā dàilaile shǒujī zìpāigǎn.

2 ① 한어병음: wàibian   뜻: 밖
   ② 한어병음: lěng   뜻: 춥다
   ③ 한어병음: è   뜻: 배고프다
   ④ 한어병음: fāngbiànmiàn 뜻: 라면
   ⑤ 한어병음: rìchéng   뜻: 일정
   ⑥ 한어병음: kèhù   뜻: 고객, 바이어
   ⑦ 한어병음: mǎshàng   뜻: 바로
   ⑧ 한어병음: bāng   뜻: 돕다

3 ① B ② D ③ A ④ C

4 ① 你快下来吧。
   얼른 내려와.

  ② 你快进屋来吧。
   얼른 집 안으로 들어와.

  ③ 中国客户后天要过来。
   중국 고객은 모레 올 거예요.

  ④ 你帮我安排好日程吧。
   저 대신 일정을 잡아 주세요.

08 我跟校长商量商量。

차근차근 실력 확인

1 ① O   ② O   ③ X   ④ O

[녹음 대본]

① 我跟老师商量了商量。
　　Wǒ gēn lǎoshī shāngliangle shāngliang.

② 先生，让一下，好吗?
　　Xiānsheng, ràng yíxià, hǎo ma?

③ 给我拿三瓶啤酒。
　　Gěi wǒ ná sān píng píjiǔ.

④ 我们除了啤酒外，还有红酒。
　　Wǒmen chúle píjiǔ wài, hái yǒu hóngjiǔ.

2 ① 한어병음: ràng　　　뜻: 양보하다
　 ② 한어병음: jiějué　　 뜻: 해결하다
　 ③ 한어병음: yīnggāi　 뜻: 마땅히 ~해야 한다
　 ④ 한어병음: píng　　　뜻: 병
　 ⑤ 한어병음: zánmen　 뜻: 우리
　 ⑥ 한어병음: píjiǔ　　　뜻: 맥주
　 ⑦ 한어병음: xiàozhǎng 뜻: 교장 선생님
　 ⑧ 한어병음: niánqīng　뜻: 젊다

3 ① D   ② C   ③ B   ④ A

4 ① 我得跟校长商量商量。
　　나는 교장 선생님과 상의해 봐야 해요.

　 ② 除了青岛啤酒外，还有什么啤酒?
　　청도맥주 이외에 또 어떤 맥주가 있어요?

　 ③ 年轻人比较喜欢雪花啤酒。
　　젊은 사람들은 설화맥주를 선호하는 편이에요.

　 ④ 校长会原谅他吗?
　　교장 선생님이 그 애를 용서해 주실까요?

09 我走回来了。

차근차근 실력 확인

1 ① X   ② O   ③ X   ④ O

[녹음 대본]

① 我从学校走回来了。
　　Wǒ cóng xuéxiào zǒu huílai le.

② 祝你生日快乐!
　　Zhù nǐ shēngrì kuàilè!

③ 她闭上眼睛许愿。
　　Tā bìshang yǎnjing xǔyuàn.

④ 好漂亮的衣服啊!
　　Hǎo piàoliang de yīfu a!

2 ① 한어병음: shēngrì　 뜻: 생일
　 ② 한어병음: duànliàn　뜻: 단련하다
　 ③ 한어병음: miǎo　　　뜻: 초
　 ④ 한어병음: bì　　　　뜻: 닫다
　 ⑤ 한어병음: tàiyáng　 뜻: 태양
　 ⑥ 한어병음: xībian　　뜻: 서쪽
　 ⑦ 한어병음: xǔyuàn　 뜻: 소원을 빌다
　 ⑧ 한어병음: chūhàn　 뜻: 땀이 나다

3 ① D   ② A   ③ B   ④ C

4 ① 我从学校走回家来了。
　　나는 학교에서 걸어서 집에 돌아왔어요.

　 ② 我有话想跟你说。
　　나는 너에게 할 말이 있어.

　 ③ 为什么不坐公共汽车呢?
　　왜 시내버스를 안 탔니?

　 ④ 你快闭上眼睛啊!
　　얼른 눈 감으세요!

10 现在能买得到。

차근차근 실력 확인

1 ① X ② O ③ O ④ O

[녹음 대본]

① 才点了三个菜，不多。
　　Cái diǎnle sān ge cài, bù duō.

② 我已经买到了演奏会门票。
　　Wǒ yǐjīng mǎidàole yǎnzòuhuì ménpiào.

③ 累了，走不动了。
　　Lèi le, zǒu bu dòng le.

④ 他说的话，我听不懂。
　　Tā shuō de huà, wǒ tīng bu dǒng.

2 ① 한어병음: dǎbāo　　뜻: 포장하다
　　② 한어병음: lèi　　　뜻: 피곤하다
　　③ 한어병음: yǎnzòuhuì　뜻: 연주회
　　④ 한어병음: ménpiào　뜻: 입장권
　　⑤ 한어병음: dòngzuò　뜻: 동작
　　⑥ 한어병음: fěnsī　　뜻: 팬
　　⑦ 한어병음: dāng bīng　뜻: 군대에 가다
　　⑧ 한어병음: yàobù　　뜻: 그렇지 않으면

3 ① D ② A ③ B ④ C

4 ① 我们俩能吃得了吗?
　　우리 둘이 다 먹을 수 있을까?

② 你这么快就累了?
　　너 이렇게 빨리 지친 거야?

③ 当过兵才是真正的大丈夫。
　　군대를 갔다 와야 진정한 사내 대장부지.

④ 你的动作够快的啊!
　　너의 동작이 정말 빠르구나!

11 我在看篮球比赛。

차근차근 실력 확인

1 ① O ② X ③ X ④ O

[녹음 대본]

① 他正在吃晚饭。
　　Tā zhèngzài chī wǎnfàn.

② 他在看篮球比赛。
　　Tā zài kàn lánqiú bǐsài.

③ 她在写报告。
　　Tā zài xiě bàogào.

④ 爸爸去参加聚会了。
　　Bàba qù cānjiā jùhuì le.

2 ① 한어병음: diànshì　뜻: 텔레비전
　　② 한어병음: jiémù　　뜻: 프로그램
　　③ 한어병음: yóuxì　　뜻: 게임
　　④ 한어병음: tīnghuà　뜻: 말을 듣다
　　⑤ 한어병음: lǎo dìfang　뜻: 늘 만나던 곳
　　⑥ 한어병음: bǐsài　　뜻: 경기, 시합
　　⑦ 한어병음: zuòyè　　뜻: 숙제
　　⑧ 한어병음: bàogào　뜻: 리포트

3 ① B ② A ③ D ④ C

4 ① 你快去做作业啊!
　　얼른 가서 숙제 해!

② 爸爸去参加同学聚会了。
　　아빠는 동창 모임에 가셨어요.

③ 我正在会议室开会呢。
　　나는 회의실에서 회의를 하고 있어요.

④ 我们在老地方等你们二位呢。
　　우리는 늘 만나던 곳에서 너희 둘을 기다리고 있어.

12 复习

단어 실력 점프

1. ① 祝　② 饿　③ 好吃　④ 解决
   ⑤ 安排　⑥ 生日　⑦ 为什么　⑧ 打包
   ⑨ 商量　⑩ 电视　⑪ 老地方　⑫ 报告

2. ① 我们俩能吃得了吗？
   ② 我回来了。
   ③ 我在看篮球比赛。
   ④ 你快说出来吧。
   ⑤ 除了啤酒外，还有什么酒？

나만의 단어장

1. ① 篮球　② 网球　③ 足球
   ④ 棒球　⑤ 游泳　⑥ 羽毛球
   ⑦ 乒乓球　⑧ 跑步　⑨ 滑雪

2. ① zhǔ　② yíhuìr　③ kèhù
   ④ yuánliàng　⑤ kǎolǜ　⑥ náshǒu cài
   ⑦ dàngāo　⑧ bì　⑨ lèi
   ⑩ chūhàn　⑪ cānjiā　⑫ gòu
   ⑬ dàifu　⑭ yóuxì　⑮ kāihuì

실력 테스트

1. b　2. e　3. d
4. a　5. c　6. ②
7. ②　8. ④　9. ③
10. ②　11. ④　12. ③
13. ①　14. ①　15. ③
16. ②　17. ①　18. (1) 还　(2) 都
19. ②　20. ④　21. ③
22. 你快进屋来吧。
23. 祝您出差顺利！
24. 你能回得来吗？
25. 你看一下，这是谁的书？
26. 才点了三个菜，不多。
27. 老师进教室来了。
28. 爸爸正在厨房做菜。

녹음 대본 (1~5번)

1. 外边冷，你快进屋来吧。
   Wàibian lěng, nǐ kuài jìn wū lai ba.

2. 年轻人比较喜欢喝啤酒。
   Niánqīng rén bǐjiào xǐhuan hē píjiǔ.

3. 我从学校走回家来了。
   Wǒ cóng xuéxiào zǒu huí jiā lai le.

4. 累了，走不动了。
   Lèi le, zǒu bu dòng le.

5. 她正在会议室开会。
   Tā zhèng zài huìyìshì kāihuì.

대화문 완성

1. A 我从学校走回来了。
   B 你走回来了？

2. A 除了啤酒外，还有什么酒？
   B 我们有红酒。

3. A 哎呀，累了，走不动了。
   B 你这么快就累了？

4. A 你在干什么呢？
   B 我正在吃晚饭。

5. A 手机自拍杆你带来了吗？
   B 带来了。

6. A 这么多菜我们俩能吃得了吗？
   B 吃不了就打包吧！

단어 색인

| 단어 | 한어병음 | 페이지(해당 과) |

A

唉	āi	106(9)
哎呀	āiyā	118(10)
安排	ānpái	83(7)

B

白部长	Bái bùzhǎng	50(4)
白酒	báijiǔ	95(8)
半天	bàntiān	63(5)
帮	bāng	83(7)
棒	bàng	27(2)
报告	bàogào	130(11)
比较	bǐjiào	95(8)
比赛	bǐsài	130(11)
闭	bì	107(9)
不过	búguò	27(2)
部	bù	26(2)

C

菜	cài	118(10)
参加	cānjiā	130(11)
茶	chá	38(3)
长	cháng	63(5)
尝	cháng	95(8)
唱歌	chànggē	27(2)
炒	chǎo	82(7)
迟到	chídào	38(3)
出汗	chūhàn	106(9)
出院	chūyuàn	50(4)
除了……外	chúle……wài	95(8)
春节	Chūn Jié	63(5)
次	cì	50(4)
错	cuò	38(3)

D

打包	dǎbāo	118(10)
打算	dǎsuan	63(5)
大丈夫	dàzhàngfu	118(10)
大夫	dàifu	131(11)
蛋糕	dàngāo	107(9)
当兵	dāng bīng	118(10)
得	de	26(2)
的时候	de shíhou	118(10)
得	děi	14(1)
点	diǎn	118(10)
电视	diànshì	130(11)
东坡肉	dōngpōròu	95(8)
动	dòng	118(10)
动作	dòngzuò	119(10)
堵车	dǔchē	38(3)
锻炼	duànliàn	106(9)
对不起	duìbuqǐ	38(3)
炖	dùn	82(7)
多	duō	63(5)

E

| 儿子 | érzi | 26(2) |
| 饿 | è | 82(7) |

F

发烧	fāshāo	15(1)
方便面	fāngbiànmiàn	82(7)
飞机	fēijī	14(1)
分钟	fēnzhōng	130(11)
粉丝	fěnsī	119(10)
服务员	fúwùyuán	95(8)

G

| 赶 | gǎn | 131(11) |
| 感冒 | gǎnmào | 15(1) |

干 gàn	130(11)	进 jìn	82(7)
干吗 gànmá	107(9)	聚会 jùhuì	130(11)
刚 gāng	63(5)		
高手 gāoshǒu	62(5)		
够 gòu	119(10)	**K**	
乖 guāi	26(2)	开车 kāichē	50(4)
怪 guài	26(2)	开会 kāihuì	131(11)
怪不得 guàibude	62(5)	看病 kànbìng	15(1)
关于 guānyú	94(8)	烤 kǎo	82(7)
过 guò	63(5)	考 kǎo	14(1)
过 guo	50(4)	考虑 kǎolǜ	94(8)
		考题 kǎotí	26(2)
		咳嗽 késou	15(1)
		可 kě	15(1)
H		客户 kèhù	83(7)
杭州 Hángzhōu	51(4)	快乐 kuàilè	107(9)
好 hǎo	107(9)		
好吃 hǎochī	95(8)		
好看 hǎokàn	26(2)	**L**	
好像 hǎoxiàng	15(1)	来 lái	27(2), 82(7)
喝 hē	38(3)	篮球 lánqiú	130(11)
红酒 hóngjiǔ	95(8)	朗朗 Lǎng Lǎng	39(3)
后 hòu	130(11)	老 lǎo	131(11)
后天 hòutiān	83(7)	老地方 lǎo dìfang	131(11)
话 huà	106(9)	累 lèi	118(10)
黄酒 huángjiǔ	95(8)	冷 lěng	82(7)
回 huí	63(5)	厉害 lìhai	38(3)
回去 huíqu	63(5)	俩 liǎ	118(10)
会议室 huìyìshì	131(11)	脸色 liǎnsè	15(1)
		练 liàn	62(5)
		了 liǎo	118(10)
J		路 lù	38(3)
级 jí	14(1)		
极了 jí le	26(2)		
假 jiǎ	27(2)	**M**	
煎 jiān	82(7)	马代理 Mǎ dàilǐ	38(3)
接 jiē	131(11)	马上 mǎshàng	82(7)
节目 jiémù	130(11)	嘛 ma	51(4)
解决 jiějué	94(8)	没关系 méi guānxi	27(2)
尽快 jǐnkuài	131(11)		

没事儿 méi shìr	94(8)	仁川机场 Rénchuān Jīchǎng	83(7)
美 měi	51(4)	仁寺洞 Rénsìdòng	38(3)
美国 Měiguó	63(5)	日程 rìchéng	83(7)
每天 měitiān	62(5)		
门票 ménpiào	119(10)		
秒 miǎo	106(9)	**S**	
明白 míngbai	26(2)	三好学生 sānhǎo xuésheng	94(8)
		商量 shāngliang	94(8)
		上海 Shànghǎi	14(1)
N		稍 shāo	95(8)
拿 ná	95(8)	生日 shēngrì	107(9)
拿手菜 náshǒu cài	95(8)	首 shǒu	27(2)
哪儿啊 nǎr a	62(5)	帅 shuài	38(3)
难 nán	26(2)	帅哥 shuài gē	38(3)
男子汉 nánzǐhàn	118(10)	顺利 shùnlì	83(7)
年轻 niánqīng	95(8)	说 shuō	51(4)
努力 nǔlì	26(2)	宋 Sòng	131(11)
女儿 nǚ'ér	26(2)	苏州 Sūzhōu	51(4)
喏 nuò	119(10)	俗话 súhuà	51(4)
P		**T**	
啤酒 píjiǔ	95(8)	太极拳 tàijíquán	62(5)
瓶 píng	95(8)	太阳 tàiyáng	106(9)
平时 píngshí	26(2)	糖醋带鱼 tángcùdàiyú	95(8)
平易近人 píngyìjìnrén	50(4)	趟 tàng	50(4)
		天堂 tiāntáng	51(4)
		甜蜜蜜 Tiánmìmì	27(2)
Q		听话 tīnghuà	130(11)
期末考试 qīmò kǎoshì	26(2)	听说 tīngshuō	51(4)
前天 qiántiān	26(2)	图书馆 túshūguǎn	38(3)
青岛啤酒 Qīngdǎo píjiǔ	95(8)		
去 qù	82(7)	**W**	
		哇 wā	27(2)
R		外边 wàibian	82(7)
让 ràng	94(8)	晚 wǎn	38(3)
热 rè	82(7)	王 Wáng	50(4)
热情 rèqíng	50(4)	王秘书 Wáng mìshū	83(7)

喂 wéi	39(3)	又 yòu	38(3)
位 wèi	131(11)	原谅 yuánliàng	94(8)
为 wèi	27(2)	园林 yuánlín	51(4)
为什么 wèishénme	106(9)	约书亚·贝尔 Yuēshūyà Bèi'ěr	119(10)
		月底 yuèdǐ	14(1)

X

西边 xībian	106(9)
西湖 Xīhú	51(4)
下班 xiàbān	15(1)
下车 xià chē	94(8)
先 xiān	38(3)
先生 xiānsheng	39(3)
小姐 xiǎojiě	38(3)
小时 xiǎoshí	62(5)
小王子 Xiǎo Wángzǐ	26(2)
小心 xiǎoxīn	50(4)
小子 xiǎozi	118(10)
校长 xiàozhǎng	94(8)
写 xiě	130(11)
新罗 Xīnluó	50(4)
许愿 xǔyuàn	107(9)
学生 xuésheng	94(8)
学习 xuéxí	14(1)
雪花啤酒 Xuěhuā píjiǔ	95(8)

Z

在 zài	130(11)
咱们 zánmen	94(8)
炸 zhá	82(7)
找 zhǎo	39(3)
真 zhēn	27(2)
真正 zhēnzhèng	118(10)
蒸 zhēng	82(7)
正在 zhèngzài	130(11)
钟头 zhōngtóu	62(5)
中午 zhōngwǔ	83(7)
周 Zhōu	15(1)
煮 zhǔ	82(7)
祝 zhù	83(7)
住 zhù	62(5)
住院 zhùyuàn	50(4)
自己 zìjǐ	26(2)
自拍杆 zìpāigǎn	82(7)
最近 zuìjìn	26(2)
作业 zuòyè	130(11)

Y

呀 ya	107(9)
演奏会 yǎnzòuhuì	119(10)
要不 yàobù	119(10)
医生 yīshēng	131(11)
医院 yīyuàn	15(1)
一会儿 yíhuìr	82(7)
一下 yíxià	94(8)
一起 yìqǐ	27(2)
应该 yīnggāi	94(8)
哟 yō	106(9)
游戏 yóuxì	130(11)

MEMO

다락원 홈페이지에서 MP3 파일
다운로드 및 실시간 재생

지은이 한민이
펴낸이 정규도
펴낸곳 (주)다락원

초판 1쇄 발행 2016년 10월 31일
초판 3쇄 발행 2023년 9월 26일

기획·편집 이지연, 이상윤
디자인 조화연, 임미영
일러스트 조영남
녹음 曹红梅, 于海峰, 허강원

訂 다락원 경기도 파주시 문발로 211
전화 (02)736-2031(내선 250~252 / 내선 430, 431)
팩스 (02)732-2037
출판등록 1977년 9월 16일 제406-2008-000007호

Copyright ⓒ 2016, 한민이

저자 및 출판사의 허락 없이 이 책의 일부 또는 전부를 무단 복제·전재·발췌할 수 없습니다. 구입 후 철회는 회사 내규에 부합하는 경우에 가능하므로 구입처에 문의하시기 바랍니다. 분실·파손 등에 따른 소비자 피해에 대해서는 공정거래위원회에서 고시한 소비자 분쟁 해결 기준에 따라 보상 가능합니다. 잘못된 책은 바꿔 드립니다.

ISBN 978-89-277-2194-9 18720
       978-89-277-2186-4 (set)

www.darakwon.co.kr
다락원 홈페이지를 방문하시면 상세한 출판 정보와 함께 동영상 강좌,
MP3 자료 등 다양한 어학 정보를 얻으실 수 있습니다.